できる子が圧倒的に増える！
お手伝い・補助
で一緒に伸びる
筑波の 体育授業

筑波大学附属小学校体育研究部 著

平川 譲　清水 由
眞榮里 耕太　齋藤 直人

明治図書

はじめに

　二十数年前，私がまだ公立小学校に勤務している頃，筑波大学附属小学校の公開研究会で驚いたことがあります。それは，子ども同士が運動の補助をして体育の学習を進めていることでした。運動の補助は教師がするもの。教師の前に補助してほしい子がずらっと並んだり，教師ができていない子のそばに行ってするものと思っていましたから。ただ当時の私は，その教師の補助についてさえ知識が乏しく，自分の授業で実践しているとはいえない情況でした。

　このことについて質問する先生がいて（私には質問する勇気がありませんでした），授業者の先生が答えるには，「体育の授業1時間のうち1人の子が運動している時間はごくわずか，それ以外の時間をどう活動させるかが大事。お手伝い（子ども同士の補助活動）はとても大事な活動であり，これも学習内容である」ということでした。

　「なるほど！」と思い，自分のクラスでお手伝いをさせてみましたが，うまくいきません。今考えれば当たり前なのですが，お手伝いの経験がない子が急に上手なお手伝いができるわけもありませんし，お手伝いをされる方の子ももう少しでできそうな基礎感覚が身についていなかったのです。

　筑波大学附属小学校に勤めるようになってからは先輩の授業を盗み，お手伝いについても少しずつ理解し，有効なお手伝いの方法を指導できるようになってきました。その過程で気づいたり，理解を深めたことがあります。

　1つ目は，お手伝いが簡単な場での共通学習課題の授業を可能にしているということ。「子ども個々の実態に応じた場を設定する」という授業が日本中に広まったことがありますが，お手伝いすることで多くの場を設定するのと同じか，それ以上の効果があると考えています。運動を苦手と感じている子もお手伝いでできることがたくさんあり，これにより基礎感覚を高めていくのです。

　そして，これが1時間に2教材を扱う筑波大学附属小学校の授業スタイルを支えているともいえます。お手伝いと1時間2教材の相乗効果で，少ない授業時数で高い成果をあげることができます。これが2つ目の気付きです。

　3つ目は，以上のような点から，お手伝いで進められる教材は価値が高いということ。筑波大学附属小学校ではここに重きをおいて各運動領域の教材を選ぶことが多くなっています。

　子ども同士がかかわって「○○君が軽くなった！」「○○さんができたよ！」という声をたくさん聞ける体育は，きっと多くの先生が目指すものでしょう。この本を手に取った先生，先生のクラスでもお手伝いでみんなが輝く体育授業をスタートさせてみませんか。

筑波大学附属小学校体育科教育研究部　平川　譲

目　次

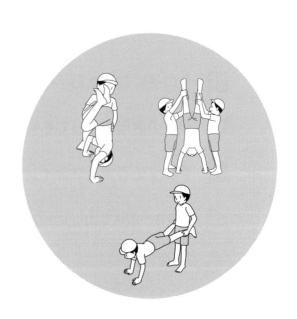

「お手伝い・補助」の有効性

「お手伝い・補助」の定義

「お手伝い」と「補助」を本誌では次のように使い分けています。

「お手伝い」
　子ども同士の相互補助
　口伴奏などによる子ども同士の声かけ
「補助」
　教師（大人）の補助

　授業中，子ども同士で補助をさせたいときに，「補助」という固くて難しい言葉を使うよりも「お手伝い」というやさしい言葉を使った方が，仲間のために活動するという意図が伝わりやすくなります。

　実際には，子どもの前では教師の補助も「お手伝い」と言っていますが，本誌の中では，混乱を避けるために上記のように使い分けることにします。

「お手伝い・補助」の利点

　お手伝いや補助には，次のような利点があると考えています。

○すべての子が，一連の運動（技）のリズムや流れを，安心感をもってまるごと経験することができる。

○1人ではできない段階の子でも，その運動（技）に必要な基礎感覚を養うことができる。

○これらによって，できるようになる子が圧倒的に増える。

○お手伝いをする子が，仲間の体が軽くなるのを感じることができるので，「できそう」「できた」といった喜びを共感することができる。

○そのような体を直接触れ合うという深いかかわりの中での学びにより，信頼関係を築くことができる。

○教師による補助も同じように子どもとの信頼関係を築くことができる。

○体を通して「対話的な学び」を実感できる。

○お手伝いをすることで，学習内容，運動のポイントを体験的に学び，理解を深めていくことができる。

　お手伝いの活動は，仲間の動きに同調（シンクロ）したり支えたりすること自体が学びとなります。私たちは，これを体育の重要な学習内容の1つとして捉えています。他の教科では学ぶことのできない体育科独自の学びです。

　お手伝いをし合うことは，仲間の動きの変化に気づいたり，「できる」ことを目指して肯定的にかかわり合ったりする活動となります。このような学びは，体と体が直接的に触れ合うことで，子どもたちにとって（教師にとっても）その成果が大変わかりやすいのです。

「お手伝い・補助」を効果的に行うために心がけておきたいこと

｜ 基礎感覚づくりの運動 ｜

お手伝いや補助であれば，ほとんどの子はその動きができます。

上手になってくると，お手伝いをする子や教師にかかる負担が減ります。1人でその運動ができるようになるかどうかは，お手伝いをしている子や教師がその重さなどから感じることができるのです。

もうすぐできそうであることを感じた子は，とてもうれしそうに「惜しい！　もうちょっと！」と声をかけます。そして，できるようになったときには，自分のことのように喜んで教師に報告をしてくれます。

授業の中でそのような姿を見るには，お手伝いで行わせる以外にも基礎感覚づくりの運動を行っておく必要があります。目指す動きに必要な基礎感覚を養う運動を十分に経験させるようにします。

｜ 教師と子ども，子ども同士の 信頼関係 ｜

お手伝いや補助でできるようになることは，運動を行っている子とお手伝いをした子の間に信頼を築きます。「○○さんのおかげでできるようになった」「◎◎さんをお手伝いしてあげたらできるようになった。うれしい」という思いをお互いにもつようになります。

それには，男女仲良く活動をしたり，お互いにお手伝いをし合ったりする雰囲気をつくっておく必要があります。体育の授業だけではなく，日常生活の中で，どの子とも一緒に活動する雰囲気をつくっていくように意識します。

もちろん，このような信頼関係は，教師と子どもの間でも築いていくことができます。子どもの「先生のおかげでできるようになった」という思いは，保護者の「指導力のある先生」という信頼にもつながります。

ただ，普段から子どもとの信頼関係を築いておかないと，教師が補助をしようと近づくと逃げてしまうこともあります。補助をされること自体を嫌がることもあります。日常生活の中でも信頼関係づくりを意識しておく必要があります。

｜ 安全・安心な環境 ｜

子ども同士のお手伝いは，正しいやり方で行うと大変効果的です。教師が一人ひとりの子にできるだけたくさん回ったとしても，子ども同士のお手伝いの頻度にはかないません。

ただ，子ども同士で行うので，運動をしている子が怖がることなく安心してお手伝いをしてもらえるような場を準備しておく必要があります。

お手伝いで行うこと自体が安心・安全に行うための1つの方法ではありますが，運動の領域や技によっては，環境面も留意しておかなければならないものもあります。

それぞれの学校の環境に合わせて，しっかりと安全を考えて準備しておくようにします。

「お手伝い・補助」の授業場面での活用方法

「お手伝い・補助」の授業場面

体育の授業は，全員ができるところから始めます。

例えば，基礎感覚づくりの運動です。競争やじゃんけんなどを取り入れてシンプルな場や方法で基礎感覚づくりをします。お手伝いや補助があればできる子でも，その先には1人でできるようになりたい，格好良くできるようになりたいという思いをもっています。計画的に基礎感覚づくりの運動に取り組ませて，その力を養っておく必要があります。

そして，基礎感覚づくりの運動をした後に，お手伝い・補助を使った運動を行う場面をつくります。そのときに，正しく安全に行うお手伝いのやり方を共有することが大切になります。慣れてくるまでは，お手伝いで運動を行う前に，そのやり方を毎時間確認します。

また，お手伝いや補助で運動を行うことそのものを授業の始めに行うということも考えられます。お手伝いであれば，全員ができるので，基礎感覚づくりという捉えもできます。お手伝いのやり方を子どもたちが十分に理解していて，すべての子どもができるようであれば，準備運動としての位置づけで取り組ませてもよいでしょう。

また，お手伝いは，1つの場に対して4人程度の小集団で行わせます。これにより，運動頻度を保証することができます。頻度が保証されることで，できるようになる子が増えるのです。

ただし，補助をする運動によっては，教師が補助をしないとできないものもあります。子ども同士だと，動きに合わせることが難しかったりするものです。本書を参考にしていただき，上手に授業で活用してください。

お手伝いのスモールステップ

本当に基礎感覚涵養が不十分な子どもは，お手伝いをしてもできません。お手伝いでできる子は，ある程度の基礎感覚が養われていると考えられます。

また，お手伝いや補助でできるということは，その動きに必要な基礎感覚を養うことにつながる上，その運動全体の流れを丸ごと経験することができます。

お手伝いや補助も，スモールステップを踏むことで，子どもにできるようになっているという喜びを味わわせたいと考えています。

最初は，教師の補助です。教師の補助で運動全体の流れを経験させてイメージできるようにします。次に，子ども2人のお手伝い，そして，子ども1人でのお手伝いというスモールステップです。補助をする力が少しずつ弱くなっていくので，少しずつ自分の動きでできるようになっていくのです。

子ども1人のお手伝いでできるようになった子の多くは，より格好良くできるようになりたいという思いをもち，自分1人でその運動ができるようになることを目指します。

「お手伝い・補助」実践のための本書の使い方

タイトル，運動名（技の名前），単元名です。

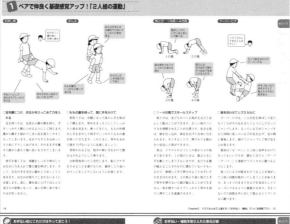

気をつけるポイントをイラストに示しています。

イラストの説明を文章で詳しくしています。

運動によっては，スモールステップになっています。

具体的な基礎感覚づくりの運動などの事前に行っておきたい運動を示しています。

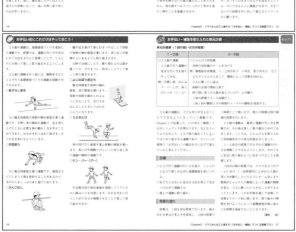

単元計画と目標，授業の流れを説明しています。

　本書は，１ページ目と２ページ目でお手伝い・補助の具体的なやり方をイラストで示しています。運動（技）によっては，スモールステップで示しています。

　子ども同士のお手伝いの具体や教師の補助の具体について，ポイントや注意点を簡潔に示しています。

　３ページ目は，お手伝いや補助で行う土となる運動の前に行っておきたい基礎感覚づくりの運動を紹介しています。

　４ページ目は，単元計画を示し，何回くらいの扱いで，どのようなステップで単元を流していくのかを簡単に示しています。

　また，単元の目標と授業の流れを大まかに

示すことで，実際に授業を行うときにイメージがしやすいようにしました。

　本書では，授業の中でお手伝いや補助を行うのに適切な教材ばかりを紹介しています。このような教材は，ともに学べるという視点で価値が高いと考えています。正しい行い方を知っていれば，誰もが授業の中で子どもたちの「できそう」「できた」を実現でき，子ども同士や子どもと教師の信頼関係を築いていくことができます。

　日々の授業にご活用いただけますと幸いです。

（清水　　由）

けあがりへの挑戦

けあがりは，鉄棒運動の上がり技の１つで鉄棒に両手でつかまってぶら下がり，体を大きく振動させ，上に上げた両足を勢いよく振り下ろした反動で体を鉄棒の上に上げる技です。足を振り下ろすタイミングや体が上に上がってきたときに手首を返して体を支えることが難しい技です。

私はこれまで二度この「けあがり」に挑戦したことがあります。一度目は，大学入試の実技試験に向けて。二度目は大学の授業で単位取得のために取り組みました。私にとって鉄棒運動は，小学生のときには逆上がりを特訓して「やっと」の思いでできるようになったという程，苦手意識をもつものでした。どちらも先生や仲間に支えてもらいながら取り組んだので，私にとって思い出深い出来事です。

はじめての経験

私が進学を志望した学部の入試では，体育の実技試験があり，その内容には鉄棒運動「けあがり」を含む連続技と記載されていました。鉄棒運動が苦手だった私にとっては悩ましい状況でした。

まずはじめの問題は，「けあがり」を知らないため調べるというところから始めなければならないことでした。当時は，ICT機器が今ほど普及されていなかったので書籍で動きについて調べたり，先生や体操に詳しい仲間に尋ねたりしていました。教えてもらうことで動き全体をイメージすることができましたが，鉄棒運動に必要な感覚・技能が身についていませんでした。そのため，いくらくり返し練習しても上手くいかず，手のひらはマメだらけになり何度も心がくじけそうになりました。

そんな様子を見かねた柔道を担当していた先生が練習を手伝ってくれるようになりました。手本を見せてくれたり，私の動きを観察してアドバイスをしてくれたり，時には体を支えてくれたりしました。私が器械運動に取り組んできた経験の中でお手伝いをしてもらうということは，全くありませんでした。お手伝いをしてもらってはじめて成功したときの喜びは忘れられません。しかし，入試の日が刻一刻と近づいてきても一向に自分の力で成功させることができませんでした。

そんなある日，私を支えてくれた先生が「痛っ」という声とともにうずくまってしまいました。先生に私の体重が掛かりすぎて腕の筋肉を痛め，手術することになってしまったのです。その後も練習を続け，時々１人でできることもありましたが，安定感はなかったので試験当日は上手くできませんでした。ケガをしてしまった先生によい報告をしたいと思っていましたが，結果が出ず，申し訳ない気持ちと練習につきあってくれたことへの感謝の気持ちでいっぱいでした。

単位をかけた必死の練習

　その後大学では，中高保健体育の教員免許取得を目指していました。教員免許取得のためには必修の「器械運動」という授業がありました。その授業では，「けあがり」をすることが単位取得の条件だったため，教員免許取得予定者以外の受講者はあまりいませんでした。

　覚悟を決めて再びけあがりに挑む日々が始まりました。依然として鉄棒運動が苦手な私にとっては非常に辛い課題でした。高校で練習したとはいうものの，４年が経ってしまったのですっかりできなくなっていました。短期間で身につけたことは忘れるにも時間は必要ありませんでした。

　高校のときにはがむしゃらに練習すればなんとかなると思いひたすらにくり返しているだけでした。大学の授業では運動学の視点も取り入れられているため，ただ「できる」ようになるだけではなく，動きについてわかること，そして指導者として教える（伝える）ことができるという点からも「けあがり」に迫っていきました。「どのような点に気をつけて運動するのか」「どのようなアドバイスでイメージをもたせるか（「ズボンをはくように」など）」「どのタイミングでお手伝いすればよいか」ということも同時に学びました。動きを知ることによって技能習得につなげることができました。

　また，高校のときと異なる点は同じ目標をもった仲間とともに活動することです。１人で黙々とやっているよりも同じような状況の仲間と互いに動きのポイントを確認したり，動きを観察し合い，お手伝いをすることで動きについても理解を深めることができました。そのことが技能習得に少なからずつながっていると考えています。

　けあがりに取り組むことで，できない状態でくり返すよりも成功体験を積み重ねていくこと，人のお手伝いをすることによって動きを理解することが技能習熟につながっていくことを実感できたのでした。

（眞榮里耕太）

1 ペアで仲良く基礎感覚アップ！「2人組の運動」

手押し車

> ものすごく腰の高い手押し車だ

おんぶ

> おんぶするときは頭を下げないでしっかりと前を見る

> おんぶしたときは走らないで歩く

> ももの裏をしっかりと持ってあげる

> 手をパーにして手のひらでしっかり支える

> おなかを引っ込めておしりを上げて

○足を腰につけ，おなかをひっこめて力を入れる

　足を持つ子は，足首から膝の間を持ち，手をしっかりと腰につけるようにして持ちます。腰から離すと揺れてしまい足を落としやすくなってしまいます。足を下ろすときはゆっくりと床に下ろしてあげます。そのまま手を離すと膝から落ちて痛い思いをさせてしまいます。

　両手を着く子は，両腕をしっかり伸ばしておなかに力を入れて膝と腰を伸ばします。そして，左右の手を交互に動かしてゆっくりと歩きます。おなかが落ちてしまわないように注意します。逆に，腰を高く上げてほとんど逆立ちの姿勢になって，高い手押し車で歩くのはかまいません。

○ももの裏を持って，肩に手をかけて

　背負う子は，中腰になって後ろに手を伸ばして構えます。背中をまっすぐにしてしっかりと前を見ます。乗ってきたら，ももの外側から手をまわして両手でしっかりとももの裏を持って立ちます。このときに，背中を丸めて頭を下げないように注意しましょう。

　背負われる子は，相手の肩に手をかけて腰をはさむようにして乗ります。

　10歩程度歩いたら交代します。転んでケガをさせることを避けるため，競争したり追いかけっこをしたりしないように注意します。

馬とび　1の馬～4の馬

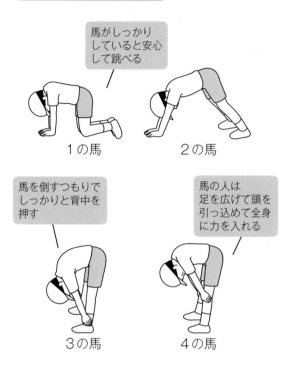

馬がしっかり
していると安心
して跳べる

1の馬　　　2の馬

馬を倒すつもりで
しっかりと背中を
押す

馬の人は
足を広げて頭を
引っ込めて全身
に力を入れる

3の馬　　　4の馬

グーパーとび

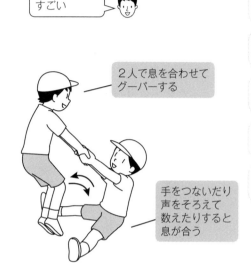

リズミカルに
できる2人は
すごい

2人で息を合わせて
グーパーする

手をつないだり
声をそろえて
数えたりすると
息が合う

○1～4の馬でスモールステップ

　馬とびは，友だちのつくる馬が丈夫だと安心して跳ぶことができます。正しい馬のつくり方を理解させることが大事です。安全な馬は，頭を引っ込め，両足を広げて全身に力を入れます。そうすることで，押されても動かない安定した馬ができます。

　馬は，イラストのように1の馬から4の馬まであります。1の馬のときは，跳ぶときに手を離してしまう子もいますが，友だちを跳び越えることそのものに慣れていない子もいるので，無理して手で押させようとせずにそのまま行わせます。2の馬より高い馬だと手で背中を押さないと跳び越えることができません。馬を倒すつもりでしっかりと背中を後ろに押すことを意識させます。

○息を合わせてリズミカルに

　グーパーとびは，1人が足を伸ばして座り，もう1人がその足をまたぐようにして立ってジャンプします。立っている子がジャンプすると同時に座っている子が足を広げ，足の間に着地します。続けてジャンプして再び足を入れ替えます。

　最初は「せーのっ」と1回1回声をかけて行ってもいいですが，慣れてきたら「グーパーグーパー」と連続でリズミカルに跳べるようにします。

　座っている子が踏まれそうなことを怖がって1回1回膝が曲がってしまうことがあります。まっすぐのままできる子を見本としてスムーズにできるように挑戦させます。手をつないだり回数を声に出して数えるとリズミカルに跳べます。

2人組の運動は，基礎感覚づくりを意図した運動です。授業では，運動の行い方や安全に行う方法をきちんと指導した上で，じゃんけんを使って楽しく取り組ませるようにします。

2人組の運動を行う前には，動物歩きなど，1人で行う基礎感覚づくりの運動を経験させておきます。

○あざらし歩き

主に腕支持感覚や体幹の締め感覚を養う運動です。手押し車の類似の運動で，足を持ち上げたときに必要な体の動かし方を学ぶことができます。おなかを引っ込めて体がまっすぐのまま歩けるようにします。

○手足走り

主に腕支持感覚を養う運動です。親指を立ててしまうと指を骨折することがあるので，手のひらをしっかり床に着けて走ります。

○だんごむし

腕や足を曲げて体に引きつけることで四肢や体幹の締め感覚を養います。常にあごが鉄棒の上にあるように取り組ませます。

10秒で合格にしたり，勝ち残れるのは誰か競ったり，それをリレー形式にしたりして楽しく取り組ませます。

○よじのぼり逆立ち

腕支持感覚や体幹の締め感覚，逆さ感覚を養います。体幹や四肢を締められるようになることで，友だちをおんぶしたときにつぶれないようになります。

○うさぎとび

体の投げだし感覚や重心移動の感覚を養います。馬とびや開脚とびといった切り返し系の運動の類似の運動です。

○ケン・パー（グー）

片足踏み切り両足着地を連続してリズミカルに跳ぶことを目指します。左右を交互に行うことができるか挑戦させることで楽しく取り組ませます。

お手伝い・補助を取り入れた単元計画

体つくり

なわ跳び

マット

鉄棒

跳び箱

水泳

ボール

単元計画表（1回の扱いは20分程度）

1～2回	3～6回
○2人組の運動	○じゃんけん対抗戦
・2人組で行う運動の安全な行い方を知り，やってみる。	・本時の対抗戦のチームを分ける
	例）偶数班対奇数班，1・2列目対3・4列目，男子対女子　など
例）手押し車，おんぶグーパーとび，馬とびレベル（1～4）	・2人でじゃんけんをして，勝敗によって役割を決める。
	・3人に勝ったら並ぶ
	・教師の合図で開始と終了
	・終了時に多くの人数が並んでいるチームが勝ち
	・1回の授業で3～5回戦行う。
	・1回1回の勝敗とその時間のトータルの勝敗を発表する。

　2人組の運動は，子ども同士が支え合うことでできるようになっていく運動です。Chapter 1で定義した，いわゆる「補助」とは少しニュアンスが異なります。支えるというよりもむしろ，2人で取り組むことによってはじめて成立する運動であり，そういった意味で「お手伝い」の概念を少し広げて捉えていると考えてください。

目標

○2人で行う運動の行い方を知り，じゃんけんなどで楽しみながら基礎感覚を身につける。
○友だちとお互いに安全な方法を考えて気をつけながら運動する。
○進んで運動に取り組む。

授業の流れ

　授業は，1回を20分程度で行います。組み合わせ単元の考え方を採用し，2回の授業で1時間として扱います。残りの時間は別の領域の授業を行います。

　2人組の運動は，最初に運動の行い方を理解させ，その後は楽しく取り組むための工夫をします。ここでは，じゃんけんを取り入れた対抗戦形式での単元計画を示しました。

　1～2回目の授業でそれぞれの運動の行い方を理解してできるようにします。そのときに安全に取り組むように気をつけることも指導します。

　3回目以降の授業では，クラスを2つのチームに分け，「一定時間内に上がれた人数の多い方が勝ち」というようにゲーム化します。教師がじゃんけんの勝敗によって運動の種類を変え，3人に勝ったら上がることができることとします。これを年間を通して計画した回数をトピック的に扱います。取り組みの期間を空けることによって基礎感覚が体に染みこむ時間を保証することになります。

（清水　由）

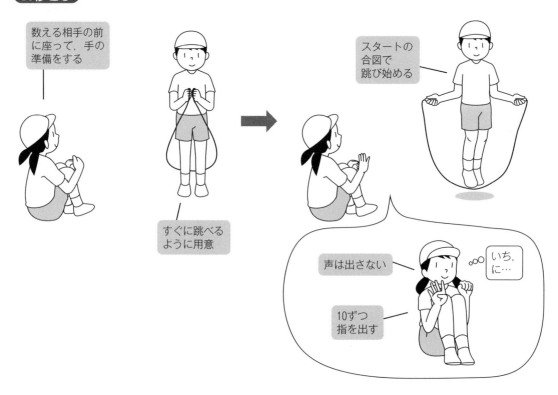

30秒とび

数える相手の前に座って，手の準備をする

すぐに跳べるように用意

スタートの合図で跳び始める

声は出さない

○○○いち，に…

10ずつ指を出す

○互いに数える

前回しとびが一定のリズムでできるようになったら，30秒で何回跳べるかを数える「30秒とび」に取り組むことができます。

前回しとびに習熟していない段階では跳ぶことに意識を集中するため，習熟するとリズムが速すぎて，自分で数えることが難しくなります。そこで，2人組のペアがお互いに数える活動を仕組みます。これが30秒とびです。

○声は出さない

声を出すと，近くで数えている子の邪魔になります。一生懸命数えている子の耳に，違うリズム，違う数が聞こえてきたら混乱すること必至です。

また，リズムが速くなると口の動きが間に合わなくなり，跳ぶリズムよりも遅れてしま

います。一桁，10代まではよいのですが，「さんじゅういち」とか「よんじゅうさん」と音数が多くなる数字は，1秒間に2回以上，30秒とびの記録でいうと60回以上くらいから難しくなります。

このような理由から，声は出さずに数えるように指示します。では，どうやって数えるのかというと……

○10ずつ，指も使って数える

声には出さずに，10数えたら人差し指を出します。次の10で中指を出します。次の10で3本…。このようにすることで，跳んでいる子は自分の回数がわかりますし，「しっかり数えてくれているな」「間違ってないな」と安心することもできます。

○**数える練習**

はじめに数える練習をしておきます。

クラスの中で速いリズムで跳べる子を指名して30秒間跳ばせます。これを子ども全員と教師で数えて，結果を比べます。教師との差がプラスマイナス3程度であれば正解としていいでしょう。多すぎた子，少なすぎた子は，より注意して数えるように助言します。

○**1回目**

実際にペアで30秒とびをしてみます。「手の用意をして」と手を使って数えることを意識させます。途中15秒，20秒，25秒などを知らせて，30秒の感覚をもたせます。

ペア2人分の記録を取った後，「さんじゅうなんとかの人」「よんじゅうなんとかの人」と大まかな回数を尋ねて挙手させます。個人

の伸びを評価していくことと，70回～80回で二重回しが連続で10回跳べるくらいのなわ回しの速さになるので，そこを目標にすることを伝えます。また，120回を越えるような場合は数え間違いの可能性もありますので，10秒か15秒程度跳ばせてみて，確認してもいいでしょう。

○**後ろ回しに時間をかける**

前回しの後は，後ろ回しでも30秒とびを行います。後ろ回しはどの子も苦手と感じています。苦手だからこそ時間をかけて技能を習得するという意味で，はじめから後ろ回しを扱います。手首の動きと，なわが後ろから回ってくる感覚に慣れさせるのです。

目標は前回しの回数引く10回とするのが適当なようです。

○**なわの選択**

　なわは，適度に重いポリウレタン製のものがお勧めです。透明チューブの中にらせん状の芯材が入っている物は軽すぎることが多いようです。上手になってなわ回しが速くなると，軽いなわは手首の動きがうまく伝わらずに遅れて回転するようになり，上達を妨げます。

　また，なわがグリップから抜けないようにする留め具（回転子）にも注意が必要です。なわの回転を妨げず，グリップの中でなわがクルクル回る留め具の商品をお勧めします。グリップの中でなわが回らないと，連続で跳ぶうちになわがよじれて引っかかりやすくなります。

　この機能を生かすためにも，グリップの中でなわをコブにしたり，余分ななわをグリップの中で折り返したりするのは厳禁です。6年間の成長を考えても，グリップの長さくらいなわを余らせておけば十分です。

○**長さ合わせ**

　左のイラストくらいの長さになわを合わせます。真ん中を踏んでグリップが胸の位置にくるように調整します。学校で全員の調整は無理ですから，家庭に依頼します。上達してくると本人が操作しやすい長さがわかってきますので，子どもに任せてもよいでしょう。

　なわを結んで片付ける，ほどいて跳ぶとい

う活動にも慣れさせておきます。

○**その場でなわを跳び越すことができる**

　ごく初期には，上のイラストのように自分の腕を上に振り上げるのに合わせて跳躍してしまう子がいます。この場合には，なわを足の前で止めてから跳び越すようにさせます。

　このステップをクリアして，その場で前回しとびができるようになれば，30秒とびに取り組むことができます。

お手伝い・補助を取り入れた単元計画

※2回目以降の30秒とびは5分程度の活動となりますので，1回（20分程度）の短なわとびの授業が30秒とびだけで構成されることはありません。本校では1年生のうちに30秒とびで回す技能を高めておき，2年生でこれを生かしての二重回しを共通学習課題としています。この計画を紹介します。

単元計画表（1回の扱いは20分程度）

1年生		2年生
1回	2〜14回	1〜10回
○30秒とび	○30秒とび	○30秒とび
□30秒とびの数え方	※毎回ではなく，授業3回に	※1年生と同様に，授業3回
・ペアの前に座って数える	2回程度の頻度で扱う	に2回程度の頻度で
・声は出さない	・前回し	・前回し
・10回ずつ指を出す	・後ろ回し	・後ろ回し
□数える練習	・自己新記録を目標にする	○あやとび
□30秒とび	・回数の多い子のよいとこ	○交差とび
・前回し	ろは？	○後ろあや
・後ろ回し	○あやとび	○後ろ交差
	○交差とび	○二重回し

目標

○30秒とびで，前回し80回，後ろ回しで70回程度を安定して記録することができる。

○仲間の30秒とびを，応援する気持ちをもってしっかり数えることができる。

○1年生であやとび，交差とびが10回程度跳べる。

○2年生で後ろあや，後ろ交差が10回程度，二重回しが1回跳べる。

授業の流れ

1回目で30秒とびの方法を理解させます。同時に，短なわとびの指定席を決めておくと，周囲の仲間との間隔等も毎回指示する必要がなくなります。

単元の中で，回数が多い子は「手首でなわを回している」「脇がしまっている」「手が腰の位置から動かない」「つま先で跳躍していて足音が小さい」などのポイントに気づかせて，意識させるようにします。

30秒とびが短時間でできるようになったら，1年生ではあやとび，交差とびなどを中心に，2年生では二重回し，後ろ回しのあやとび，交差とびなどに共通課題で取り組みます。ここでは「わたしの先生」（本書p22）という教材を扱います。

30秒とびを十分に経験することで，二重回しに高い壁を感じることなく取り組める子が多くなります。

（平川　譲）

30秒とび

声は出さない

10ずつ
指を出す

あやとび，交差とび（向かい合う）

動きを
真似してね

動きを
観察する

「わたしの先生」は，仲間と教師の両方をお手伝いする活動です。教師の前で，ある技が一定回数（10回程度）跳べるようになった子を「ミニ先生」に任命します。ミニ先生は困っている子のところへ行き，仲間の技の習得をお手伝いします。教師に見せる前に，ミニ先生の前で合格することを条件として出します。

教師は1人しかいませんが，ミニ先生が少しずつ増えることで活動が停滞することなく，子どもたちが自分たちの言葉で教え合うようになります。

○**数を数える**

本書p18でも紹介されていますが，まずは数えさせます。数える相手の前に座り，声を出さず（違うリズムや違う数が聞こえてくると，近くで数えている子が混乱するため），10ずつ指を使って数えます。

○**向かい合う**

2人組のペアが，お互いに向き合います。お互いが跳ぶ姿を観察し合います。

ミニ先生の子は，お手本になるように丁寧に跳んだり，跳ぶ前にどんなところに気をつけているのかを伝えたりします。見ている子も，どのように跳べば上手に跳べるのかを考えながら観察します。

ミニ先生が観察する際には，どこまでできているのか，どこでつまずきが見られるのか，どこに気をつければ跳べるようになるのかを考え，すぐに伝えます。

特に向き合っているときには，交差とびやあやとびで手のクロスする幅がせまくなっていないか，手をクロスする位置が高すぎたり，低すぎたりしていないかに着目させるようにしましょう。

あやとび，交差とび（並ぶ）　　二人羽織り

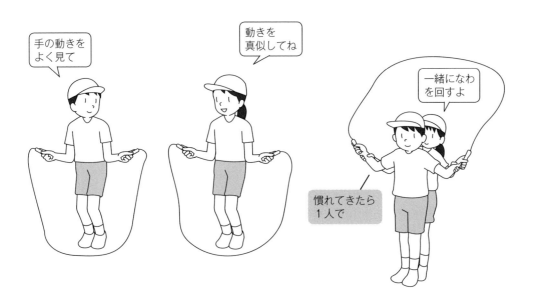

手の動きをよく見て

動きを真似してね

一緒になわを回すよ

慣れてきたら1人で

○となりに並ぶ

2人組のペアが，となりに並びます。

同じ方向を向いて跳んだり，跳ぶ姿を観察したりしながら，意見の交換やアドバイスを行います。

同じ方向を向くことで，向き合ったときよりも，自分の動きを修正しやすくなる子も出てくると思います。

特に，あやとびでは手をクロスするタイミングに着目させたり，交差とびでは手首の動きについて着目させたりしましょう。サイドクロスでは，クロスのときにどちらの手を上にして回すかに着目させ，アドバイスを行うとつまずきが解消されやすくなります。

○後ろから手を取ってあげる（二人羽織り）

ミニ先生が困っている子の後ろに立ち，直接手を取って，お手伝いをします。

普通に跳ぼうとするだけでなく，片手に両方のグリップを握り2本のなわを持って練習するのも効果的です。ミニ先生が後ろに立った場合は，一緒に跳ぶのは難しくなります。交差とびやあやとび，サイドクロスの手の動きを着実に習得させるために，2本のなわを持って練習しましょう。

男女問わず，親身になって仲間の困り感に寄り添いながら学習を進めることは，非常に重要なことです。「わたしの先生」で，短なわとびを個人の学びから協働的な学びに変えていくことができます。

お手伝い前にこれだけはやっておこう！

○なわを回す

短なわとびを跳ぶには，「なわを上手に回すこと」と「なわの動きに合わせて，なわを跳ぶこと」が必要になります。

まずは，なわをスムーズに回すことから取り組んでみましょう。

自分のなわの両方のグリップを片手に握り，体の脇でなわを回します。はじめのうちは肩から大きく回し，慣れてきたら脇を締めて，手首の回転で回せるようになるとよいでしょう。両方の手でスムーズに回せるようにしましょう。

前回し，後ろ回しなどは，体の脇で回すだけではなく，体の前で時計のように回したり，×印を描くように8の字で回したりしましょう。

これができなければ跳べないということではないので，慣れの運動として取り組みましょう。

○30秒とび（本書p18）

前回しと後ろ回しの両方で30秒とびに取り組んでおきましょう。

短なわとびの基本である前回し，後ろ回しは，1年生から取り組み，なるべく早く習熟させることが大切です。全員が前回し，後ろ回しを安定して跳べるようになっていると，新しい技に取り組むときに技能の差が小さい状態で始められます。

また，前回しと後ろ回しはセットで取り組ませます。子どもたちの中には，前回しはスムーズに跳べるけれど，後ろ回しは全く跳べないという子もいます。

苦手と感じている子がいるからこそ，はじめからセットで取り組み，感覚に慣れさせましょう。

 お手伝いナシへの STEP

短なわとびは，技を増やすことや記録を更新するなど，学習自体が比較的「個」になりがちです。

すると，得意な子は楽しく取り組むことができますが，苦手な子はモチベーションが下がり，取り組みは停滞していきます。

そこで，ある程度，技を絞って全員で取り組むことを大切にしています。そのための1つの方法が「わたしの先生」です。

みんなで同じ技に挑戦することで，それぞれの役割を考えながら取り組みを進め，全員

で技能を高めていくことが可能です。

全員ができる技があれば，その技を使ってゲーム性のある教材に取り組むこともできます。

「わたしの先生」のお手伝いを通じて，技能を高めるだけでなく，友だちの運動をよく見て気づいたことを伝えたり，一緒に学ぶことの大切さを実感したりできます。

お手伝い・補助を取り入れた単元計画

　1回（20分程度）の短なわとびの授業が30秒とびだけで構成されることはありません。本校では1年生のうちに30秒とびで回す技能を高めておき，2年生でこれを生かして二重回しを課題としています。3年生でも少しずつ取り組む技を増やします。本書p21も参考にしてください。

　「わたしの先生」のお手伝いは，あやとびや交差とび，サイドクロスといった，腕をクロスさせてなわを回す技などの技の難易度が上がるときに特に有効です。

単元計画表（1回の扱いは20分程度）

1年生	2年生	3・4年生
1〜14回	1〜10回	各学年1〜10回
○30秒とび	○30秒とび	○30秒とび
※毎回ではなく，授業3回に2回程度の頻度で扱う	※毎回ではなく，授業3回に2回程度の頻度で扱う	※毎回ではなく，授業3回に2回程度の頻度で扱う
・前回し	・前回し	・前回し
・後ろ回し	・後ろ回し	・後ろ回し
・自己新記録を目標にする	○あやとび	・二重回し
・回数が多い子のよいところはどこかな？	○交差とび	○サイドクロス
○あやとび	○後ろあや	○後ろサイドクロス
○交差とび	○後ろ交差	○かえしとび
	○二重回し	○後ろ二重回し

目標

○30秒とびで，前回し80回，後ろ回しで70回程度を安定して記録することができる。

○1年生であやとび，交差とびが10回程度跳べる。

○2年生で後ろあや，後ろ交差が10回程度，二重回しが1回跳べる。

○3年生でサイドクロス，かえしとびが10回程度，後ろ二重回しが1回跳べる。

○4年生で後ろサイドクロス，後ろ二重回しが10回程度跳べる。

授業の流れ

○お互いの運動を観察しながら，気づいたことを伝えて，学び合うことができる。

　新しい技に取り組むときには，全体でどんな技なのかを確認し，ペアごとに取り組ませます。ペアの前で10回跳べたら，先生の前で挑戦をします。先生の前で跳べたら，ミニ先生に任命します。

　基本的にはペアに教えますが，両方ともミニ先生になった場合には，他の友だちに教えに行き，みんなで技能を高めていきます。

（齋藤　直人）

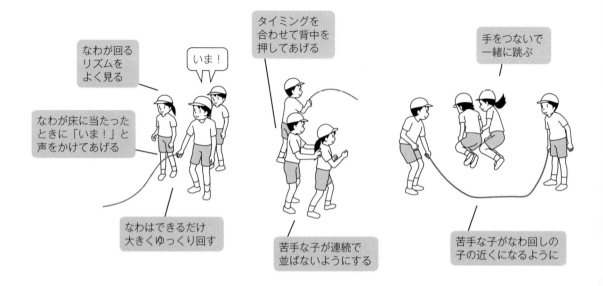

4 かけ声とうながしでスムーズに入る！「長なわとび」

長なわとび

- なわが回るリズムをよく見る
- なわが床に当たったときに「いま！」と声をかけてあげる
- いま！
- タイミングを合わせて背中を押してあげる
- 手をつないで一緒に跳ぶ
- なわはできるだけ大きくゆっくり回す
- 苦手な子が連続で並ばないようにする
- 苦手な子がなわ回しの子の近くになるように

○声でタイミングを教える

　長なわとびに取り組んでいると，回旋するなわにタイミングを合わせられない子がいます。その原因は，なわに引っかかることが痛くて怖いと感じたり，失敗することに対して不安を抱いたりするからです。そのため，なわの動きを見過ぎてしまい，走り出すタイミングがつかめず，1歩目を踏み出せなくなるのです。そのようなときには，走り出すタイミングを声で教えてあげましょう。

　なわが上から回ってくる（かぶり回し）場合には，床になわが当たったときに「いま！」などと，合図をします。なわが下から向かってくる（むかえ回し）の場合にはなわが目の前を通過して一番高くなりそうなときに合図をしましょう。

○背中を押してあげる

　回ってくるなわが自分に向かってくる度に，背中を反って重心が後ろになってしまう子は，後ろに並んでいる子が背中を押してあげます。背中を押すタイミングは声で合図をするときと同様です。

　前の子と間隔を空けずに連続で跳ぶ課題になったとき，並び順にも気をつけましょう。苦手な子は，自分が跳ぶことで精一杯なため，前の子の背中を押す余裕がありません。自分の背中を押してもらえるように，1人で跳べている子の間に苦手な子をはさんで（サンドイッチ）並びましょう。

　仲間と手をつないで2人で一緒に跳ぶという方法も試しています。上手く跳べなくてもなわに入るタイミングをつかむことができます。

長なわとび（教師の補助）

重心が後ろに下がって
しまっている子には
少し強めに押す

背中を押して
あげる

なわの近くまで
寄ってあげる

手をつないで一緒
に跳んでみる

なわ回し

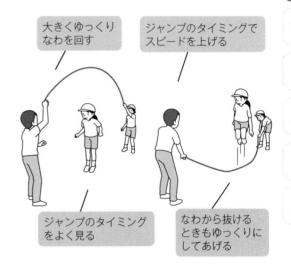

大きくゆっくり
なわを回す

ジャンプのタイミングで
スピードを上げる

ジャンプのタイミング
をよく見る

なわから抜ける
ときもゆっくりに
してあげる

○教師が補助する

くり返し取り組んでいくとクラスの中で数名の子が，タイミングをつかめないままのことがあります。子ども同士のお手伝いでも上手くいかない場合には，教師が補助をします。補助のし方は，子ども同士で行うときと同様です。ただし，教師1人で手伝うには，人数の限りがあります。跳べない子の人数がある程度少なくなってから手伝いましょう。

教師が補助することで苦手な子に安心感をもたせます。また，子ども同士よりも力強く手伝えます。

お手伝い・補助で成功することと1人で挑戦すること（失敗）を交互にすることで走り出すタイミングをつかめるようにしましょう。

○跳ぶ子にあわせてなわを回す

苦手な子が跳ぶタイミングに合わせて足の下になわを通す方法です。1人で跳べたという経験をくり返すことで自分でタイミングをつかむようにします。

子ども同士でなわ回しを行うときには，このお手伝い方法は難しいので必ず教師がやりましょう。

苦手な子が跳ぶときに，タイミングを合わせやすいようにゆっくり回します。ジャンプをしたタイミングに合わせてスピードを上げて足下になわを通過させます。抜けるときには再びスピードを緩めてやります。

また，跳ぶ位置がずれていてなわの中心まで進めていない場合には，回す位置をずらす必要があります。

○なわ回し

膝を曲げ伸ばし，肩を支点として大きくなわを回すことができるようにしましょう。

長なわとびを苦手にしている子は，なわに当たることが怖いと感じています。そのため，回旋するなわのスピードが速すぎるとその恐怖心が大きくなってしまいます。全員が一定のリズムでなわを回せ，誰もが跳びやすいなわ回しをできるようにしましょう。

○大波小波（郵便屋さん）

4人1組程度の小グループになって，なわを跳ぶことと回すことの練習に取り組みます。

まずは，なわを左右に揺らし，そのなわを跳びます。なわを回す子，跳ぶ子，数を数える子がリズムを合わせるようにしましょう。そして，回旋したなわを跳べるようにします。

成功体験を積み重ねることによって，長なわとびの楽しさを体験させましょう。また，少人数のグループで取り組むことによって活動の頻度を確保します。成功することも大切ですが，なわに引っかかる失敗をするという経験も必要です。長なわとびは誰もが失敗する可能性がある運動です。失敗に慣れることと，なわに当たっても恐れるほどの痛みではないという経験を積み重ねることがなわに対する恐怖心を軽減することにつながります。

○とおりぬけ

仲間が回しているなわに当たらずに通り抜けます。なわをよく見て自分のタイミングで走り出すようにしましょう。これができるようになったら前の子に続いて連続でできるようにしましょう。

低学年の長なわとびでは，前に跳んだ子と間を空けることなく連続して跳ぶ動きを身につけさせたいところです。
○なわをゆっくり大きく回すことができる
○なわに合わせて跳ぶことができる

長なわとびに取り組み始めるときには，一人ひとりのタイミングでなわに入って跳ぶことをくり返します。このときから声を出してタイミングを伝えるという習慣をつけておきましょう。

多くの子がなわにかからずに跳ぶことができるようになってきたら一人ひとりの間隔を空けずに連続とびに挑戦します。

一人ひとりのタイミングで跳ぶことができていた子でも連続とびになるとタイミングをつかめなくなってしまうことがあるので，お手伝いが必要になります。声を出してタイミングを伝えることと，背中を押してタイミングをつかむことをくり返し行っていきましょう。

なわをゆっくり大きく回すことによって，なわに対する恐怖心がなくなってきます。なわ回しが重要になります。

お手伝い・補助を取り入れた単元計画

単元計画表（１回の扱いは20分程度）

１・２回	３〜６回	７〜10回
○なわ回し ・なわの持ち方，回し方を確認する ○大波小波 or 郵便屋さん （声でタイミングを伝える） ・10回跳べるように協力 ・跳ぶ子はその場でリズムよくジャンプ	○とおりぬけ （声でタイミングを伝える） ・回旋しているなわに当たらないように走り抜ける ○0の字とび （声でタイミングを伝える） （背中を押してあげる） ・自分のタイミング ⇒間隔を空けない	○8の字とび （声でタイミングを伝える） （背中を押してあげる） （教師のお手伝い） ・自分のタイミングで跳ぶ ⇒間隔を空けずに連続とび

目標

○一定のリズムでなわを回すことができる。
○回旋するなわにタイミングを合わせて跳ぶことができる。
○仲間の運動を観察，お手伝いをすることで安全に取り組むことができる。
○進んで取り組むことができる。

授業の流れ

　授業は20分程度×10回の組み合わせ単元で計画します。

　長なわとびは，跳ぶことだけではなく，誰もがなわを回すことができるようにしていきます。そのため，少人数のグループでなわ回し，跳ぶこと，どちらの技能も高めていきます。

　授業では，技能の伸びを実感できるようにとんだ回数を記録しながら長期間取り組めるようにしましょう。グループの最高記録を合計してクラスの記録としておき，その記録の更新を目指して授業を行いましょう。

　１・２回目は，長なわとびに慣れる運動です。小学校では自分たちでなわ回しを行うため，なわの持ち方，回し方など基本的なことを確認しましょう。跳ぶことについては，その場でジャンプを10回程度続けられるようにします。

　３〜６回目は，回旋しているなわにタイミングを合わせてくぐり抜けたり，一旦止まって跳ぶ練習をしましょう。このときに互いにお手伝いをする意識をもたせておきます。

　７〜10回目は8の字とびに取り組みます。前の子と間隔を空けずに連続して跳べるようにしていきましょう。○分間に○回というなわのスピードを速くする方式ではなく，なわをゆっくり回してなわにかからずに○回連続で跳べたというようにしましょう。

（眞榮里耕太）

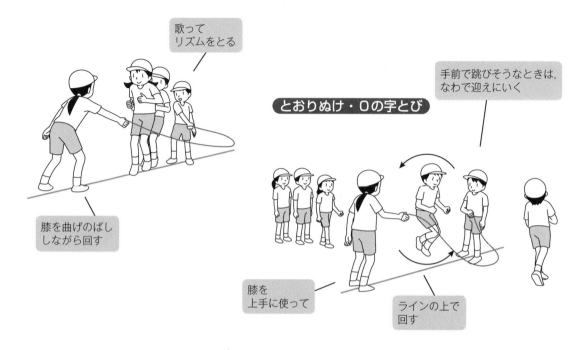

5 跳びやすい回し方で記録も伸びる！「長なわとび」

ゆうびんやさん

歌って
リズムをとる

手前で跳びそうなときは，
なわで迎えにいく

とおりぬけ・0の字とび

膝を曲げのばし
しながら回す

膝を
上手に使って

ラインの上で
回す

○膝を使って大きくゆっくり

　歌を歌いながら，長なわをとびます。

　なわ回しでとんでいる子の動きに合わせるのはもちろん，グループの友だちが歌を歌うことでリズムをとることも大切なお手伝いです。

　歌詞は「ゆうびんやさ～んのおとしものひろ～ってあげましょ（この間は左右の振動）」「1まい　2まい　3まい……」（なわは1まいごとに1回旋）「10まい　ありがとうさん」（「さん」でなわをまたいで終わり）。地域によって違いがあります。

　なわを回すときには，膝を軽く屈伸させながら，大きくゆっくり回すことを意識させます。跳んでいる子と動きを合わせることが大切です。

○なわで迎えに

　ゆっくり回っているなわに入ります。とおりぬけは，跳ばずになわに当たらないようにそのまま走り抜けます。0の字とびは，とおりぬけと同じタイミングで入り，なわの真ん中で一度止まり，なわを跳んでから走り抜けます。回し方は，上からなわが自分に向かってくる「かぶり回し」で行います。

　回し手は，跳ぶ位置がわかるように体育館などのラインの上に立って回します。跳ぶ子にとって，それが目印になります。ゆうびんやさんと同じく，膝を軽く屈伸させながら，大きくゆっくり回すことを意識させます。とぶ子の動きに合わせて，なわで迎えにいくように回すことができると，抜けたり，跳んだりしやすくなります。

8の字とび（かぶり回し・むかえ回し）

最初は膝と肩を使ってゆっくり大きく

ライン上で回す

ダブルダッチ

跳んでいる子の足もとに注目

床になわが当たる音を聞く

なわを手に巻くように持つ

体つくり

なわ跳び

マット

鉄棒

跳び箱

水泳

ボール

○一定のリズムで

長なわといえば，この跳び方と言っても過言ではないのが8の字とびです。

最初は，かぶり回しで行い，慣れてきたら，下からなわが自分に向かってくる「むかえ回し」にも挑戦しましょう。

回すときには，膝と肩を使って，一定のリズムでゆっくり大きく回します。高学年になり，回すのに慣れてきたら，手首を使ってリズムを速くして回してもよいと思います。

ただし，基本は引っかからずに連続で続けられるようにすることです。なわが床に当たる音を聞きながら，回しましょう。跳ぶ子に合わせて，微妙に速さを変えることができたら，記録はどんどん伸びていきます。

○リズムをとって動きを合わせる

2本のなわをリズミカルにとびます。

一見難しそう見えますが，「かぶり回しとむかえ回しのなわに入って跳べる」「ダブルダッチの回し方のポイントを理解している」「みんながなわを回せる」の3点がクリアできていれば，楽しんで取り組むことができます。

回し方は，2人でなわの長さを合わせて，ぴんと張った状態で持ちます。手首肘を使いながら，小さくなわを回しはじめ，片側の子が少しずつ近づきます。なわが床に当たる音がするまで近づき，膝でリズムをとりながら，大きく回します。

跳ぶ子の足元に注目し，その動きに合わせて，なわを回します。迎えにいくように回すことができれば，ダブルダッチに入ることができる子が増えていきます。

○なわの選択

なわは，太さが10mm程度の適度な重さのある綿もしくは綿とポリエステルの混ざったものがお薦めです。長さは3.5m程度が，1年生から6年生までの全学年に対応した回しやすく，跳びやすい長さだと考えています。同時に5人以上が跳ぶ場合には6m程度のなわを準備してもよいと思いますが，基本は3.5m前後のものを使います。

また，両端に結び目をつくり，先端をビニールテープで巻いておけば，ほつれ防止・すべり止めになります

○長なわの持ち方

まず，1番目のイラストのように，小指側に結び目がくるようになわを持ちます。

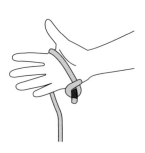

次に，なわを手に巻くように1回転させて，2番目のイラストのように持ちます。

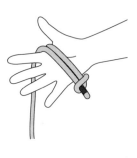

回している途中でなわを離してしまうことがないように，しっかり握ります。

ただし，回すときに余計な力が入らないように，声をかけるとよいでしょう。

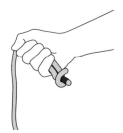

○なわの回し方

回し方の基本は，肩を支点にして腕を伸ばして大きくゆっくり回すようにします。

上に回すときには膝を伸ばして，下に回すときには膝を曲げて回します。大きく回すことができるだけでなく，遅くなったり速くなったりせずに一定のリズムで回すことにもつながります。また，一緒に回す相手の動きに合わせることも大切です。

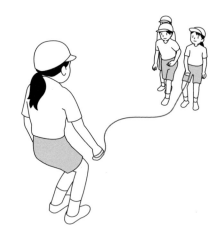

ただし，速くなわを回すときやダブルダッチのときには，手首と肘を使ってなわを回します。

感覚としては，短なわとびを回す感覚に近く，短なわとびの経験が豊かだと，手首を使った長なわ回しもスムーズに回せるようです。低学年には少し難しいので，実態に応じて取り組ませましょう。

速く回そうとすると，なわの回転が小さくなり，頭に当たってしまったり，床に当たらず浮いてしまったりすることがあるので，気をつけるように声をかけましょう。

お手伝い・補助を取り入れた単元計画

ひょうたんとび
ひょうたんダブル
ダブルダッチ

0の字とび
かぶりまわし8の字とび
むかえ回し8の字とび

大波・小波
ゆうびんやさん
とおりぬけ

ゆうびんやさん（低学年）	とおりぬけ・0の字とび（低学年）
○大波・小波（4人1組） ・1曲歌い終わるまで引っかからない ・引っかからなければ白帽子 ○ゆうびんやさん（4人1組） ・「10枚　ありがとさん」まで跳べたら白帽子 ・4人全員が白帽子になるように ・全員が白帽子なら回数or人数を増やす	○とおりぬけ（8人1組） ・かぶり回しのなわに入って出る ・慣れてきたら間をあけず連続で ・自信がある子は白帽子 ○0の字とび（8人1組） ・中央で止まり，1回跳んでから出る ・慣れてきたら間をあけずに入って跳ぶ ・自信がある子は白帽子 ・連続で何回跳べるか
8の字とび（低学年・中学年）	ダブルダッチ（中学年・高学年）
○かぶり回し→むかえ回し（8人1組） ・回し手のそばからなわに入り 　中央で跳びこす ・反対側の回し手の近くを通る ・慣れてきたら間をあけずに入って跳ぶ ・連続or一定時間で何回跳べるか ※かぶり回しも，むかえ回しも流れは同じ	○ダブルダッチ（4人1組） ・全員が回し方を知る ・ダブルダッチのなわに入る ・10回連続で跳ぶ ・跳んでから，引っかからずに出る ○ダブルダッチ8の字とび（8人1組） ・ダブルダッチで8の字とびを行う

　今回は，お手伝いを取り入れた長なわ運動の系統性を意識した教材配列を示しました。どの教材も20分程度で扱います。

　全体を通して共通なのは，「全員が回し手になること」と「跳ぶ頻度を保証すること」です。また，"なわ"はどの教材も同じものを使います。

（齋藤　直人）

よじのぼり

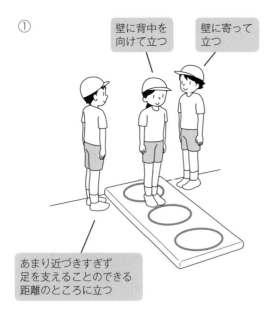

① 壁に背中を向けて立つ

壁に寄って立つ

あまり近づきすぎず足を支えることのできる距離のところに立つ

② 足の動きに合わせて手で足を支える

足で壁をのぼっていく

マットに手を着く目線は手と手の間

無理に引っぱらず落ちないようにお手伝いをする

○お手伝いの準備

　まず，壁際にマットを準備します。マットは大きなマットでなく，イラストのような小さなマットで十分です。小さいマットがない場合は，大きなマットを横にして，1枚のマットで複数の人数が取り組めるようにしてみましょう。

　よじのぼり逆立ちをする子は，壁に背中を向けて，マットの上に立ちます。

　お手伝いをする子は，逆立ちする子を挟むようにして壁際に立ちます。あまり近づきすぎず，手を伸ばしたときに逆立ちする子の足をつかめる程度の距離の場所に立ちましょう。

○動きに合わせて

　逆立ちをする子は，マットに手を着きます。その際に，着いた手と手の間を見るようにしてみましょう。まずは，極端にあごを引いたり，開いたりしないようにすることから始めましょう。

　つま先を使って壁を登っていきます。

　足の動きに合わせて，手で足を支えましょう。無理矢理，足を引っ張り上げるお手伝いをする必要はありません。

　また，逆立ちする子が手の位置を動かさないように声をかけましょう。

　「手を着いて！　よじよじよじよじ，よじのぼり！」と言葉でリズムをとってあげるのも効果的です。

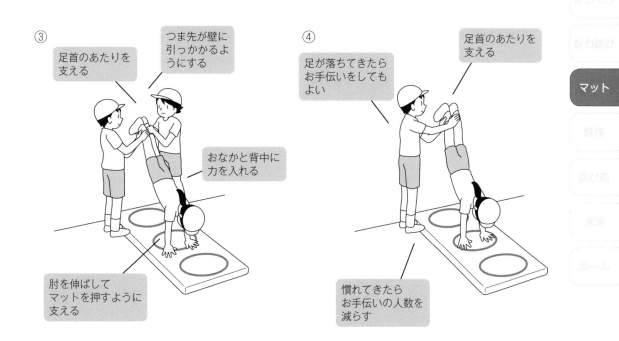

③ 足首のあたりを支える

つま先が壁に引っかかるようにする

おなかと背中に力を入れる

肘を伸ばしてマットを押すように支える

④ 足が落ちてきたらお手伝いをしてもよい

足首のあたりを支える

慣れてきたらお手伝いの人数を減らす

マット

○つま先をチェック

逆立ちをする子は，ひじをしっかり伸ばして，マットをギュッと押すようにして体を支えます。また，おなかや背中に力を入れて，体が反ってしまわないように気をつけましょう。おなかをへこませたり，おしりを上げたりするようなイメージをもたせるのも効果的です。

つま先を使って登っていき，つま先が壁に引っかかるようにしましょう。

足首を伸ばしてしまい，足の爪側で引っかかっているような場合には，お手伝いの子が直してあげましょう。基本的には足首のあたりを支え，1人でもできるようにしましょう。足が下がってくる場合には，すぐに支えてあげましょう。

○必要に応じて

慣れてきたら，お手伝いの人数を減らしましょう。

お手伝いの子が，「肘が伸びているか」「目線が手と手の間（マット）を見ているか」「おなかや背中に力が入っていておしりが下がっていないか」「つま先が引っかかっているか」などをチェックしてあげるのも，立派なお手伝いです。

最初は運動を見守り，必要なとき（足が落ちてくるとき）にお手伝いをするようにすれば，1人でよじのぼり逆立ちができることに近づきます。逆立ちの姿勢になっているときに数を数えて，長く姿勢を維持することにつなげるのもよいでしょう。

よじのぼり逆立ちは，おしりが頭よりも高い位置にある状態で，腕で自分の体を支える運動です。その際に体にギュッと力を入れる必要があります。

つまりよじのぼり逆立ちに取り組む前には，「逆さ感覚」「腕支持感覚」と「体の締め感覚」を養っておく必要があるのです。

○おりかえしの運動

上で示した感覚を高めるのに効果的なのが，おりかえしの運動です。

手足走りやうさぎとび，あざらしなどは腕で体を支えて前に進む運動なので，上記の感覚が高まります。短い時間でくり返し行うようにしましょう。詳しくは『子どもの運動能力をグングン伸ばす！１時間に２教材を扱う「組み合わせ単元」でつくる筑波の体育授業』（明治図書）をご参照ください。

○手押し車

「逆さ感覚」と「腕支持感覚」と「体の締め感覚」を一緒に養うことができるのが手押し車です。

お手伝いの子が足首か膝を持ちます。膝を持つ方が楽に感じます。

手で自分の体を支えて前に進んでいきます。おりかえしの運動の中に取り入れてもいいのですが，この運動は速さではなく，途中で姿勢を崩さずに体を支えながら前に進むことを大事にしましょう。

また，おしりが下がると，手で進もうとする子も，お手伝いをしている子もつらくなるので，それを体感させながら，体を締めておしりの位置を下げないように意識させることも大切です。

手押し車の姿勢とよじのぼり逆立ちの姿勢が似ていることにも着目させ，意識させるのもよいでしょう。

まずは，「お手伝いが２人」から始めて，お手伝いでも逆立ちの姿勢が10秒続けられるかにチャレンジしましょう。それができたら，「お手伝いを１人」にして同様にチャレンジしましょう。徐々に逆立ちの姿勢に慣れてきたら，「お手伝いなし」に挑戦しましょう。お手伝いの子は近くにいて，もしも足が落ちてきたときにすぐに助けられるように準備をしておきましょう。

自分の感覚と実際の運動を振り返りながら，お手伝いを２人→１人→０人と徐々に少なくしていきましょう。また，実際に体に触れるお手伝いでなくても，言葉でリズムをとってあげたり，ポイントとなる動きを伝えたりすることも，お手伝いナシにつながります。

お手伝い・補助を取り入れた単元計画

単元計画表（１回の扱いは20分程度）

１〜３回	４〜７回	８・９回
○よじのぼり逆立ち 　お手伝い２人→１人→０人 ○お手伝いの方法	○よじのぼりじゃんけん 　口じゃんけん 　片手じゃんけん 　じゃんけん入れ替え戦	○いろいろかべ逆立ち 　手踏み 　片手 　100秒キープ

目標

○よじのぼり逆立ちの正しい姿勢を身につける。

○よじのぼり逆立ちのお手伝いの方法がわかり，その子に合ったお手伝いができる。

授業の流れ

授業は20分×10回の組み合わせ単元で計画します。組み合わせる教材としては，おりかえしの運動が扱いやすいと考えます。

まずは，よじのぼり逆立ちのやり方を教えます。教師の言葉をくり返させて運動を教えると子どもは理解しやすいでしょう。

教　師「手を着いて！」
子ども「手を着いて！」
教　師「よじよじよじよじ，よじのぼり！」
子ども「よじよじよじよじ，よじのぼり！！」
教　師「せーの！」
子ども「１・２・３……10!!!」

また，最初にお手伝いの方法も一緒に教えます。授業の進め方としては，最初に１人でチャレンジさせ，「途中で足が落ちてしまった友だちがいたけれど，どうする？」と尋ねて，子どもたちの中から"お手伝い"を出させてもよいでしょう。

よじのぼり逆立ちが１人で10秒程度キープできるようになった子が増えてきたら，じゃんけんを使ったゲームで夢中にさせながら，感覚を高めていきます。

このように，片手でじゃんけんができればいいのですが，最初はバランスを崩してしまいがちです。ですので，最初は口じゃんけんで構いません。上手くタイミングがとれなかったり，なかなか勝負がつかなかったりして，知らない間に10秒以上逆さになっていることが多くあります。入れ替え戦方式を取り入れれば，夢中になって楽しみながら，くり返しよじのぼり逆立ちに取り組むことができます。

じゃんけんで夢中になりながら感覚を高めつつも，手踏みや片手でキープ，長い時間のよじのぼり逆立ちなど，自分で課題を決めて

取り組ませましょう。運動する場は変わりませんが，それぞれの運動に刺激を受けながら，多様な方法感覚を高めることができます。

（齋藤　直人）

右欄: 体つくり　なわとび　マット　鉄棒　跳び箱　水泳　ボール

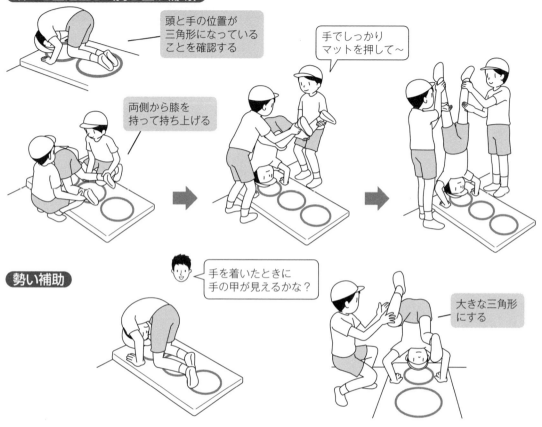

頭つき壁逆立ち（持ち上げ補助）

頭と手の位置が三角形になっていることを確認する

両側から膝を持って持ち上げる

手でしっかりマットを押して～

勢い補助

手を着いたときに手の甲が見えるかな？

大きな三角形にする

○手と頭で大きな三角形を

　頭つき壁逆立ちは，壁逆立ちの運動の中では，比較的簡単にできるようになる運動です。

　最初は，頭の位置と手の位置が三角形になるように確認しながらマットに着きます。慣れないうちはつぶれた三角形や手と頭が一直線になってしまうことがあります。

　手と頭の位置を決めたら両足をそろえて待ちます。お手伝いをする子が，両側から膝を持ってゆっくりと持ち上げてあげます。壁に寄りかからせたら「離すよー」と言ってゆっくりと手を離します。

　左右に倒れてしまわないように手でしっかりとマットを押すように声をかけてあげましょう。

○伸びている後ろ足を持ち上げる

　お手伝いで足を持ち上げてもらってから手を離して10秒間頑張ることができたら，次は自分で蹴り上げて逆立ち姿勢になります。

　最初は1人で壁に寄りかかるのが難しいので，お手伝いをしてもらいます。お手伝いは，蹴り上がろうと構えたときに伸びている後ろ足の側に立ちます。

　頭と手が正三角形になっていることを確認したら，ジャンプをして壁に寄りかかります。お手伝いの子は，ジャンプの途中で膝裏を支えて壁まで持ち上げてあげます。

　勢いよくジャンプしすぎて壁に跳ね返ってしまう場合も足を押さえて倒れないようにお手伝いしてあげます。

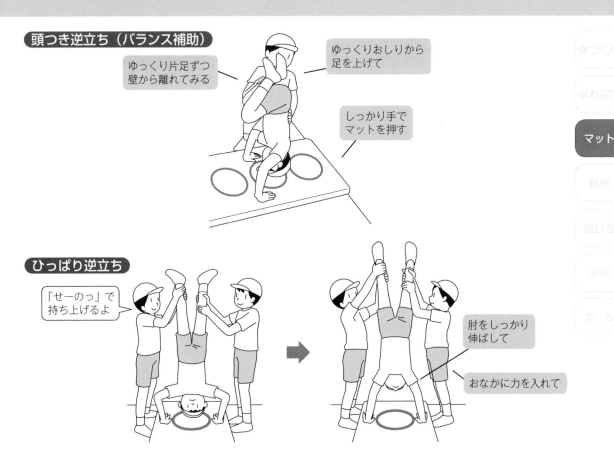

頭つき逆立ち（バランス補助）

ゆっくり片足ずつ
壁から離れてみる

ゆっくりおしりから
足を上げて

しっかり手で
マットを押す

ひっぱり逆立ち

「せーのっ」で
持ち上げるよ

肘をしっかり
伸ばして

おなかに力を入れて

体つくり

なわ跳び

マット

鉄棒

跳び箱

水泳

ボール

○横についてバランスをとる

　壁を使った頭つき逆立ちが１人でできるようになったら壁から離れてみます。頭を壁から少し離れたところにつき，ジャンプして頭つき壁逆立ちをします。寄りかかった姿勢から片足ずつ壁から足を離していきます。お手伝いの子は両側に立って両手でバランスをとってあげます。

　最初から壁を使わない場合は，ゆっくりと腰から上げて，膝を曲げた状態で脚を上げてから伸ばしていきます。お手伝いの子は，両側で腰と足を触ってあげてバランスをとってあげます。

　バランスを保つためには，おなかにしっかりと力を入れて，体幹を締めるようにさせるといいでしょう。

○息を合わせて持ち上げる

　頭つきかべ逆立ちが１人でできるようになったら，その姿勢のまま足を引っぱってもらって両腕を伸ばします。お手伝いの子は両側に立ち，足を１本ずつ持って息を合わせて上に引っぱって腕を伸ばした逆立ちの姿勢にしてあげます。

　腕を伸ばしたかべ逆立ちの姿勢で10秒間頑張ることができたら合格です。この姿勢を維持できるということは，逆さ感覚，腕支持感覚，体幹や四肢の締め感覚といった基本的な感覚が養われているということです。小学校を卒業するまでには，全員が余裕をもって安定してできるようになることを目指します。

　この後のステップとなるかべ逆立ちは，上手な子の発展的な運動と考えていいでしょう。

お手伝い前にこれだけはやっておこう！

「逆立ち」は，身体コントロールの最も基本となります。体操競技のトップアスリートは，ウォームアップやクールダウンで倒立を行い，身体をコントロールする感覚を高めているようです。

体をどのように動かすのかコントロールする感覚を高めるという意味では，どのような運動（スポーツ）にも応用できると考えられます。目の前の子どもたちが将来，どのような運動（スポーツ）に興味をもつかは，誰にもわかりません。子どもたちが，これから出会った運動（スポーツ）に興味をもったときに「この運動（スポーツ）なら頑張ればできそうな気がする」と思えるように様々な基礎感覚を養って卒業させたいものです。

「逆立ち」を行うための基礎感覚づくりには，逆さ感覚の他にも，腕支持感覚，体幹・四肢の締め感覚などが考えられます。

次に挙げるような運動を低学年から十分に経験させておきましょう。

○あざらし歩き

じゃんけんや競争などを使って楽しく動けるように工夫します。

ポイントとしては，肘をついてほふく前進のようになってしまったり，膝をついて赤ちゃんハイハイになってしまったりしないようにすることです。また，おなかが落ちてしまうと体幹が締められていないので，おなかを引っ込めてまっすぐな状態で歩くようにします。膝を着いて歩くというより，足の甲だけを着いて歩くといったイメージです。

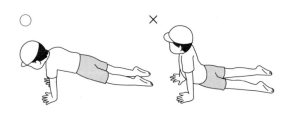

○手押し車・高い手押し車

これらの運動もじゃんけんや競争などを使って楽しく動けるように工夫します。

ポイントは，あざらし歩きと同じように，おなかが落ちてしまわないようにすることです。「おしりを高く」や「おなかを引っ込めて」などといった声かけで，体がまっすぐになるようにします。

「おしりを高く」といった声かけをしていると，それを極端に行う子が出てきます。そういった子に着目し，腰の高い手押し車にも挑戦させます。すると，手押し車でありながらも，ほぼ逆立ちの姿勢ができます。

足を持つ子は，普通に持っていてもいいですが，少しでも高くなるように脇のあたりまで引き上げてあげるといいでしょう。

お手伝い・補助を取り入れた単元計画

単元計画表（1回の扱いは20分程度）

1～2回	3～6回	7～8回
○お手伝い頭つきかべ逆立ち（持ち上げ補助） ・手と頭の着く場所の確認 ・お手伝いの方法を知る ・10秒間できたら，20秒間に挑戦	○お手伝い頭つきかべ逆立ち（勢い補助） ・頭を着いたまま蹴り上がって逆さ姿勢になる方法を知る ・安全なお手伝いの方法を知る ・お手伝いで10秒間できたら1人で挑戦 ・1人で10秒間できたら20秒間に挑戦 ・余裕のある子は，壁から足を離して立つことにも挑戦（バランス補助で行う） ・さらに余裕のある子は，壁を使わない頭つき逆立ちにも挑戦	○ひっぱり逆立ち ・ひっぱり逆立ちのやり方を知る ・お手伝いの子が足から手を離して10秒間姿勢を維持 ・足はそろえる ・おなかから足まで棒のようにまっすぐにする

目標

○頭つき壁逆立ちのやり方を知り，少しずつ課題の難度を上げながら基礎感覚を身につける。

○運動課題を考え，友だちの補助をしたり助言をしたりしながら取り組む。

○頭つき壁逆立ちに進んで取り組み，安全に気をつけながら友だちの補助をする。

授業の流れ

授業は，1回を20分程度で行います。組み合わせ単元の考え方を採用し，残りの時間は他の領域で授業を行います。

「逆立ち」の系統は，スモールステップが明確なので，すべての子どもができるようになる運動です。「頭つきかべ逆立ち」は，本書p34の「よじ登り逆立ち」の次の教材です。この後は，「ひっぱり逆立ち」から「かべ逆立ち」へと発展していきます。

頭つき壁逆立ちでは，「お手伝い」が大きな役割を果たします。子ども同士で声をかけ合いながら安全なお手伝いをすることによって，全員ができるようになります。

1～2回目は，手と頭をつく場所を明確にしておきます。位置関係が直線になってしまったりつぶれた二等辺三角形にならないように見合わせましょう。

3～6回目は，勢い補助のお手伝いのやり方を教え，1人でできることを目指します。余裕のある子は，壁に頼らずにできることに挑戦します。

7～8回目は，1人で頭つきかべ逆立ちができた子がひっぱり逆立ちによって自分の腕で支持して倒立姿勢を維持することを目指します。お手伝いの子は，息を合わせて引っぱり上げ，逆立ち姿勢をつくってあげます。

（清水　由）

かべ逆立ち（手を着いた姿勢から）

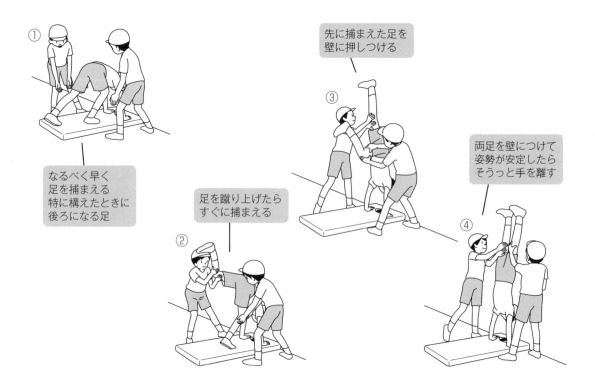

① なるべく早く足を捕まえる
特に構えたときに後ろになる足

② 足を蹴り上げたらすぐに捕まえる

③ 先に捕まえた足を壁に押しつける

④ 両足を壁につけて姿勢が安定したらそうっと手を離す

○手を着いた姿勢からのかべ逆立ち

　手を着いた姿勢から運動を始めることには以下の利点があります。

・適切な位置（壁から手のひら1つ分）に着手できる

・立位から逆位という急激な姿勢変化による恐さや眩みを軽減できる

・万が一壁に頭などをぶつけた際の痛みを軽減できる

　反対に上半身を振り下げて回転の勢いをつけることができないので，構えの段階で腰を上げておいたり，意識して強く足を蹴り上げる必要があります。

○構えたときに後ろになる足が大事

　お手伝いは2人でします。かべ逆立ちをする子の両側で準備します。手を着いて構えた

ときに後ろになる足が先に上がってきますので，これを上手く捕まえて壁まで持ち上げてやることがポイントです。1人でお手伝いをしなければならない場合は，足の位置を見取って位置取りをさせます。大人であればこの足を捕まえれば1人でも補助できます。本人の蹴り上げが弱かったり，捕まえるタイミングが遅かったりすると，重くて持ち上げられないこともあるので，子ども同士のお手伝いでは，2人が両側でお手伝いします。

　下のような構えから両足同時に蹴り上げようとする子がいる場合は，同時に足が上がってくることが多いので両足を捕まえてやります。

かべ逆立ち（立った姿勢から）

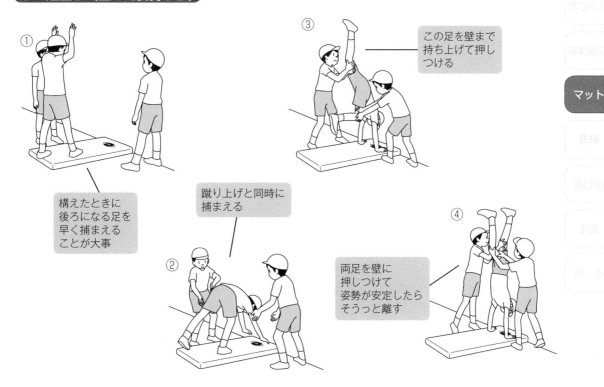

① 構えたときに後ろになる足を早く捕まえることが大事

② 蹴り上げと同時に捕まえる

③ この足を壁まで持ち上げて押しつける

④ 両足を壁に押しつけて姿勢が安定したらそうっと離す

○立った姿勢からのかべ逆立ち

　手を着いた姿勢からのかべ逆立ちで，真っ逆さまの姿勢に慣れて10秒程度1人で立っていられるようになったら，立った姿勢からかべ逆立ちに挑戦させます。

　立った姿勢の構えでは，みんな足を前後にして構えますので，より注意して後ろになった足を捕まえるように指示します。ただし，早く捕まえようとして，顔を近づけると振り上げた足が当たることがあるので注意させます。手を着いた姿勢からでも起こりうることですが，立った姿勢からの方が蹴り上げの速度が上がる子が多いので，より注意が必要です。

　逆立ち姿勢になって安定したら手を離して10秒を数えてやります。

　逆立ち姿勢になっても，右のようにお腹が出てしまう子がいます。体幹の締めの感覚が弱いのが原因です。こうなると

10秒間の姿勢保持は難しくなります。おしりを壁につけさせて，壁に寄りかかるようにすると保持できる子もいます。反対に，背中側に倒れるような感覚が怖い子もいますので，よじのぼり逆立ちや手押し車などで，締めの感覚，腕支持感覚を高めることも並行して，あるいは単元前に進めておきます。

　お手伝いありでも20秒，30秒と，逆立ちの時間を延ばすことは有効です。

他の逆立ち系の運動等と重複する内容があることをご了承ください。逆立ちですから，逆さ感覚と腕支持感覚を養う運動を経験させておくことが最も重要です。

○**手足走り**

逆さまとはいえませんが，日常生活よりは頭が下がって腰が高くなる，つんのめった姿勢です。この姿勢で前に進むことで，逆さ感覚，腕支持感覚，手足の動きを協調させる力などが高まっていきます。

逆立ちだけでなく，様々な運動につながる感覚づくりができる運動ですので，できるだけたくさん経験させておくことをお勧めします。

○**手押し車**

この運動でも，後ろで足を持つことをお手伝いと捉えることができます。肘を突っ張っ

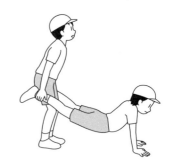

て体を支えながら前に歩きます。上のようにお腹が下がると，本人も体を支えにくくなりますし，足を持っている子も重く感じます。体幹の締めが不足している状態ですので，おなかを凹ませておしりを少し上げるようにして体幹を締めます。

○**よじのぼりじゃんけん**

本書 p34 のよじのぼりでじゃんけんをして楽しみます。

感覚づくりを進める運動にじゃんけんを組み合わせると，飽きることなく何回も運動をくり返すことができます。感覚づくりは，運動ができたから十分ということではありません。できている運動をくり返すことで感覚が少しずつ高まっていきます。

片手のよじのぼりができる子は手で，まだ片手に慣れない子は大声でグー，チョキ，パーを出して勝負します。

お手伝い・補助を取り入れた単元計画

※単元開始時は頭つき逆立ちがほぼできるようになっている実態とする。

単元計画表（1回は15分～20分。単元は連続とは限らず，途中に他の教材を扱うこともある）

1～3回	4～6回	7～8回
○手をついた姿勢からのかべ逆立ち	○立った姿勢からのかべ逆立ち	○逆立ちの時間を延ばす
□お手伝いのやり方	□お手伝いのやり方	・最長100秒程度
・後ろの足を捕まえて上げる	・後ろの足を捕まえて上げる	・お手伝いで上げてもらった子も，お手伝いの仲間が手を離した後に，逆立ち姿勢をできるだけ長く保持する
□運動のポイント	□運動のポイント	
・壁から手のひら1つ分離した位置に手をつく	・壁から手のひら1つ分離した位置に手をつく	・肘を突っ張って体を支えることを意識する
・肘を突っ張って体を支える	・肘を突っ張って体を支える	※時間を延ばす課題は，お手伝いを含めて10秒間立っていられる子が増えてきたら始める。明確な境目はないので点線にした。
・マットを見続ける	・マットを見続ける	
□逆立ち姿勢を10秒間保持する	□逆立ち姿勢を10秒間保持する	

　本書p34のよじのぼり，p38の頭つき逆立ちと進めてきて，ほとんどの子がよじのぼり逆立ちが10秒程度保持できるという実態で本単元に入ることとします。

　また，8回の授業は連続して一気に進めるわけではなく，途中に他の教材をはさんで長くかべ逆立ちに取り組めるようにすると効果が上がります。

目標

○お手伝いを含めて，かべ逆立ちで10秒間保持できる。

○かべ逆立ちのポイントを理解して練習できる。

○お手伝いのやり方を理解して，仲間のためにお手伝いができる。

授業の流れ

　かべ逆立ちの単元に入っても頭つき逆立ちの動きが出てきてしまって，肘が曲がって頭をついてしまう子が出てくることがあるので，「肘を伸ばして体を支える」「マットを見続ける」のポイントをはじめに確認します。壁から手のひら1つ分離した位置に手を着くのは，マットを見続けるのに肩と壁の間に適度なスペースがつくれることと，適当な角度で壁に寄りかかれて逆立ち姿勢を保持しやすいためです。

　お手伝いでできる子も逆立ち保持の時間を延ばすことに挑戦させます。逆立ちになる練習は，お手伝いと1人での挑戦とを行きつ戻りつしながら取り組ませます。　　（平川　譲）

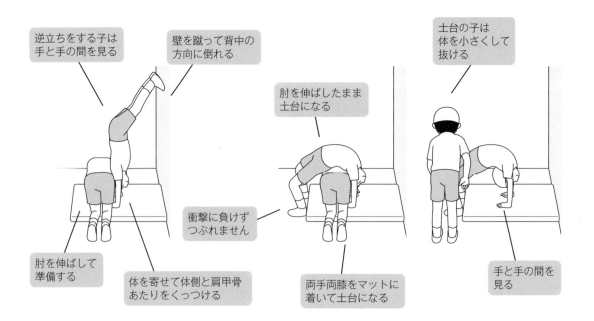

よじのぼり逆立ち

- 逆立ちをする子は手と手の間を見る
- 壁を蹴って背中の方向に倒れる
- 肘を伸ばして準備する
- 体を寄せて体側と肩甲骨あたりをくっつける
- 衝撃に負けずつぶれません

逆立ちブリッジ（土台の補助）

- 土台の子は体を小さくして抜ける
- 肘を伸ばしたまま土台になる
- 両手両膝をマットに着いて土台になる
- 手と手の間を見る

○土台になる子が背中を寄せる

　お手伝いの土台になる子は，逆立ちをしている子の肩甲骨あたりに自分の体側をくっつけるようにします。お互いの体が接していることで，倒れてくるときの衝撃をやわらげることができます。２人の間に隙間があると倒れてきたときの衝撃が大きくなるので土台がつぶれやすくなります。必ずくっつけるようにしましょう。

　はじめのよじ登り逆立ちの姿勢になっているときにくっつけられればよいのですが，うまくできない場合には，倒れ始めたときにタイミングを合わせて，体を寄せてくっつけます。

　ブリッジの姿勢になったら，土台の子は，体を小さくしてブリッジの下から抜けます。１人で５〜10秒程度ブリッジの姿勢を保たせましょう。

○よじのぼり逆立ちからブリッジになる

　よじのぼり逆立ちの姿勢を保つことができたら，足で壁を蹴って背中方向に倒れます。マットに足が着いたときにブリッジの姿勢になる運動です。これは，ハンドスプリングにつながる運動です。どの子もハンドスプリングの後半の動きを経験することができます。

　お手伝いする子は両手，両膝をマットに着いた姿勢で構えて待ちます。肘を伸ばして体幹に力を入れることで頑丈な土台となり，ブリッジの姿勢になるお手伝いをします。

　逆立ちをしている子が倒れてきた衝撃で肘を曲げてしまい，土台が崩れてしまうとケガや事故につながる恐れがあるので注意が必要です。前述のように体をくっつけることで衝撃はかなり緩和されますので，毎回確認します。

視線の確認とカウント　　**逆立ちブリッジ（両手の補助）**

手と手の間を
見続けていることを
確認する

ブリッジの姿勢に
なっている秒数を
数える

動きをよく見て
手を出す

肩甲骨と腰のあたり
を持つ

2人でタイミングを
合わせて起き上がら
せる

慣れてきたら
1人でお手伝い

起き上がるまで
手と手の間を
見る

（右端タブ）体つくり／なわとび／**マット**／鉄棒／跳び箱／水泳／ボール

○視線の確認とカウントをする

　体に触れて運動の補助をするお手伝いに合わせて，動きを観察してアドバイスをするお手伝いも必要です。

　逆立ちブリッジをする子は，手と手の間を見続けてあごを上げた姿勢を保ちます。倒れていく恐怖心からあごを引いてしまうと背中が丸まってしまいブリッジの姿勢になれず背中をマットに着けてしまいます。

　また，起き上がるときの視線も大切ですので互いに確認させましょう。

　4人程度のグループであれば土台や持ち上げるお手伝いの役目がない子が確認するようにしましょう。

　ブリッジになったときにも視線の確認をしながらカウントしましょう。

○ブリッジになっている子の背中を持ち上げて立たせる

　ブリッジの姿勢になっている子をお手伝いを使って起き上がらせます。また，発展としてよじのぼりから1人で倒れていく子をブリッジにならずに起き上がらせる方法です。

　2人のお手伝いの子が，逆立ちをする子の両側に立ち，背中を両手で持ち上げるようにして立たせましょう。このときもあごを上げて，手と手の間を見続けるようにします。

　慣れてきたらお手伝いの人数を2人から1人，そして1人で立つことができるようにしましょう。

お手伝い前にこれだけはやっておこう！

○よじのぼり逆立ち

よじのぼり逆立ちは，誰もが逆さの感覚や腕で自分の体を支える力を身につけられる運動です。

壁に背中をむけて立ち，マットに手をついて，足を壁にかけて徐々に登っていきます。足が高く上がると逆立ちの姿勢に近づきます。壁と手の距離を調節することで誰もができる運動です。低学年のうちから全員に取り組ませたい運動の１つです。

逆立ちブリッジにつなげることを考えると手と手の間を見て逆立ちの姿勢を保たせることを意識させたいです。

慣れてきたら姿勢を維持する時間を長くしたり，片手を離してみたり，隣の子とじゃんけんをするなどしてくり返し取り組みましょう。

○壁逆立ち

この運動とは直接かかわりませんが，壁に向かって足を振り上げたり，両手で体を支え

ることを身につけることができます。

足の振り上げについては壁にかかとがぶつかるように勢いよく上げましょう。

○ブリッジ

ブリッジは，床やマットに仰向けになり，耳の横に手をついて両手，両足を伸ばして体を起こす運動です。手と手の間を見ることによって体をきれいに反らせることができます。

５秒，10秒と耐える時間を延ばしたり，片足を上げてバランスを保つなど様々な経験を積ませます。低学年からくり返し扱いたい運動です。

○馬とび（本書p15）

今回のお手伝いの方法は，馬とびの馬の作り方と同じです。馬ができるようになっていると安全に土台としてお手伝いすることができます。この馬の姿勢に慣れていないと安全にお手伝いができないのであらかじめ取り組んでおきましょう。

 お手伝いナシへのSTEP

逆立ちブリッジを成功させるためには以下の点に気をつけさせましょう。

○逆立ちの姿勢の時からブリッジの姿勢になるときまで手と手の間を見続けさせる。

（姿勢の固定）

○ブリッジから起き上がるときにもあごを上げて姿勢を保つ。

はじめは，よじのぼりの姿勢から土台の上に倒れ，ブリッジをします。背中の方向に倒れることに慣れてきたらブリッジになった後

に土台が抜けた後に姿勢を維持させましょう。ある程度できるようになったら，土台ではなく，お手伝いの人に起き上がらせてもらうようにしましょう。

また，お手伝いなしでブリッジになったり，お手伝いなしで起き上がる活動にしましょう。

倒れる勢いと足がマットに着いた衝撃によってあごを引いてしまうと背中が丸まり，上体を反らせることができなくなるので注意が必要です。

お手伝い・補助を取り入れた単元計画

単元計画表（1回の扱いは20分程度）

1回	2～5回	6～8回
○よじのぼり逆立ち 逆さの感覚，腕支持の感覚を確認する。 ○ブリッジ 手と手の間を見て上体を反らせた姿勢になる。	○よじのぼりブリッジ（土台のお手伝い）（p46参照） ブリッジの時間を5・10・15秒と増やす。	○よじのぼりブリッジ（手のお手伝い）（p47参照） ○よじ登りブリッジ（お手伝いなし） 〈発展として〉 ○逆立ちブリッジ 壁を使わずに倒立の姿勢からブリッジになる（土台のお手伝い）。

目標

○よじのぼり逆立ちの姿勢から背中の方に倒れてブリッジの姿勢になることができる。

○よじのぼりブリッジの運動の方法がわかり，お手伝いの方法がわかって補助することができる。

授業の流れ

授業は20分程度×10回の組み合わせ単元で計画します。他の器械運動と同じように短い時間で，長期間繰り返し取り組むことによって技能を習得し，定着させることがねらいです。

よじのぼりブリッジに取り組むにあたっては，次の点に気をつけさせます。

○ブリッジの姿勢になるためには，はじめから最後まで手と手の間を見続けて体を反らせること。

○両腕と体幹に力を入れることで姿勢を安定させること。

動きを成功させるためには，これらのポイントについて意識させます。今回の動きのポイントは，手と手の間を見て体をきれいに反らせることです。その際には，子ども同士のモデルで動きの確認をすると理解しやすくなります。

1回目は逆さになったり，ブリッジになる感覚をつかみましょう。2～4回目は，運動やお手伝いの方法を確認しながらよじ登り逆立ちから背中の方向に倒れる感覚を身につけます。マットに足が着いたときにブリッジの姿勢で耐えられるようにしましょう。5～8回目はお手伝いの方法を変え，より1人で成功させる感覚に近づけていきます。

（眞榮里耕太）

体つくり

なわ跳び

マット

鉄棒

跳び箱

水泳

ボール

ハンドスプリング（土台の補助）

① あごを引いて，頭が出ないようにする

もう一方の手と膝は中マットの上に置く

片方の手と膝を小マットの上に置く

② 土台の脇腹とハンドスプリングをする子の肩甲骨付近がくっつくように体を寄せる

なるべく土台の近くに手を着く

③ 体を寄せてすき間をつくらないようにする

肘をつっぱって倒立の姿勢になる

周りの友だちが「寄せろ！」と声をかける

④ 体に力を入れてグラグラしないようにする

最後まで手と手の間を見る

○体を寄せて，すき間をつくらない

まず，中マットの上に小マットを置いて準備をします。

お手伝いの土台になる子は，片方の手と膝は小マットの上に，もう一方の手と膝は中マットの上に置きましょう。このときに，あごを引いて，頭が出ないように気をつけましょう。目線は着手する位置を確認できるようにしましょう。また，しっかり肘を伸ばして，体に力を入れて，グラグラしない安定した土台を作りましょう。段ボールを抱えているようなイメージで土台をつくりましょう。

小マットの上に置いている手と膝の真ん中の位置に目印を置いておくと，ハンドスプリングをする子の着手位置と目線が明確になります。

ハンドスプリングをする子が目印の両側に手を着きます。このときに，なるべく土台の近くに手を着くように意識させます。また，あごを引いてしまうと体が丸まってしまうので，手と手の間（目印）を見て，あごを上げ，倒立姿勢を保ちましょう。

お手伝いの子は，ハンドスプリングをする子が手を着いた瞬間に体を寄せて，すき間をつくらないようにします。体を密着させることで衝撃をかなり緩和できます。反対にすき間ができてしまうと全体重を支えなければならなくなり，土台がつぶれる危険があります。

周りで見ている子が，手を着いた瞬間に，「寄せろ！」と声をかけて，お手伝いの子に意識させましょう。

ハンドスプリング（手の補助）

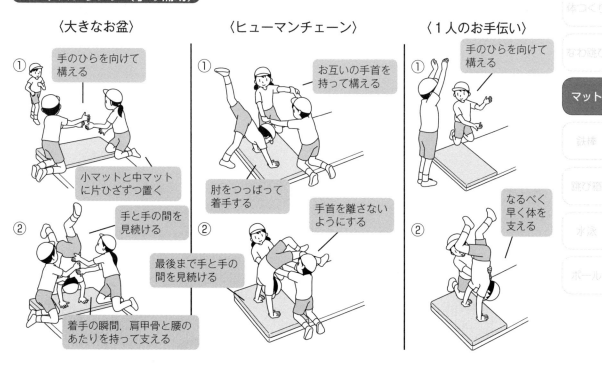

〈大きなお盆〉

① 手のひらを向けて構える

小マットと中マットに片ひざずつ置く

② 手と手の間を見続ける

最後まで手と手の間を見続ける

着手の瞬間，肩甲骨と腰のあたりを持って支える

〈ヒューマンチェーン〉

① お互いの手首を持って構える

肘をつっぱって着手する

② 手首を離さないようにする

〈1人のお手伝い〉

① 手のひらを向けて構える

② なるべく早く体を支える

体つくり

なわ跳び

マット

鉄棒

跳び箱

水泳

ボール

○なるべく早く体を支える

　お手伝いをする子は，小マットと中マットの上に，片膝ずつ置いて膝立ちになって準備をします。

　手のひら（親指が外側，小指が内側）を，ハンドスプリングをする子に向けて構えます。"大きなお盆を持つ手をハンドスプリングをする子に向けて立てておくように"してみましょう。

　もしくは，お互いの手首と手首を持つように（ヒューマンチェーン）して構えましょう。この時に，絶対に手首を離さないようにしましょう。ハンドスプリングをする子に対して，腕が上下になるように構えます。

　着手した瞬間に，肩甲骨のあたりと腰のあたりを持ちます。体が倒れてから持とうとしても，体重や勢いに負けて支えきれなくなります。

　また，下半身に近い方を支えても，上半身を起き上がらせるお手伝いにならないので，支える位置についても気をつけましょう。

　体の回転に合わせて，"お盆を反対向きに立てるように"背中を持ち上げましょう。

　土台のお手伝いが軽く感じられたら，2人での手のお手伝いに進みましょう。そこから，「1人のお手伝い」，「なし」と段階を踏んでいきましょう。お手伝いでハンドスプリングができていれば，十分技能は高まっています。

本書p34からの逆立ち系の運動を順を追って取り組むのがよいでしょう。

今回はハンドスプリングへの系統として経験させておきたい，逆さ感覚，腕支持感覚を養う運動を紹介します。

○お手伝いかべ逆立ち→1人でかべ逆立ち

お手伝いのある状態でのかべ逆立ちです。最初は手を着いた姿勢から運動を始めましょう。お手伝いの子は，両足を壁につけて，姿勢が安定してきたら，そっと手を離します。

逆さの姿勢に慣れて，10秒程度1人で立てるようになったら，立った姿勢からのかべ逆立ちに挑戦

させます。これも，最初はお手伝いの子に上がってくる足を捕まえてもらって，壁に押しつけてもらいましょう。

上のイラストのような安定した姿勢で10秒，20秒，30秒と逆立ちの時間を延ばして，逆立ちに慣れていくことが非常に大切です。単元で時間をとるだけでなく，ウォーミングアップの1つとして長い期間取り組むと効果的です。

○かべ逆立ち→かべ，バ・バンッ！

マットを使って，安定してかべ逆立ちがで

きるようになってきたら，マットなしで挑戦してみましょう（無理な挑戦は禁物です）。

手と手の間を見ること，肘を突っ張ることを常に意識しましょう。

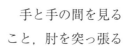

そこから，ハンドスプリングに近づける運動である「かべ，バ・バンッ！」があります。

バンザイスキップで壁に向かって行きます。壁から20cmぐらいのところに手を着きかべ逆立ちをします。床（手と手の間）を見続けることを意識して，後ろになった足を強く振り上げて勢いをつけます。

足裏が壁に当たったときに「バ・バンッ！」と大きな音がなるようにしましょう。

お手伝い・補助を取り入れた単元計画

※本書 p46 の逆立ちブリッジを学習していることが前提の単元計画です。

単元計画表（1 回の扱いは20分程度）

1～2回	3～7回	8回
○マットなしのかべ逆立ち ○かべ，バ・バンッ！ ・マットなしで安定した逆立ちができるようにする ・手と手の間を見ることを意識し，足裏が壁に当たったときに，大きな音が出るくらいの勢いのあるかべ逆立ちをする。	○土台のお手伝いでハンドスプリング ○手のお手伝いでハンドスプリング ・手と手の間を見ること，肘を突っ張ることを意識して，運動する。 ・ハンドスプリングをやる子のタイミングを合わせて，適切なお手伝いを行う。	○ハンドスプリング発表会 ・土台のお手伝い，手のお手伝い（2人），手のお手伝い（1人），お手伝いなしを自分で選んで発表する。

本書 p46 の逆立ちブリッジをきちんと進めて，ほとんどの子が手と手の間を見続けながら，ブリッジの姿勢になって10秒程度保持できる，また，立位からのかべ逆立ちができ，逆立ち姿勢を10秒程度保持できるという実態で本単元に入ることとします。

目標

○お手伝いをしてもらいながら，ハンドスプリングができる。

○ハンドスプリングのポイントを理解し，手と手の間を見ること，肘を突っ張ることを意識して，練習することができる。

○安全なお手伝いの方法を理解して，仲間のためにお手伝いができる。

授業の流れ

はじめの2回で，ハンドスプリングに必要な，勢いのあるかべ逆立ちに取り組みます。勢いをつけることを意識すると，手と手の間を見ることを忘れてしまい，バランスを崩してしまうことがあります。目印を活用して，目線を意識させるとよいでしょう。

ハンドスプリングは，全員が土台のお手伝いでハンドスプリングができることを目標にしましょう。ハンドスプリングはマット運動が得意な子だけが取り組む技と考えられがちですが，段階を踏んで指導し，経験値を増やしておけば，十分に全員で取り組むことができます。一人ひとりに合ったお手伝いをお互いに安全にすることが大切です。

（齋藤　直人）

つばめ姿勢（教師の補助）

前回り下り（教師の補助）

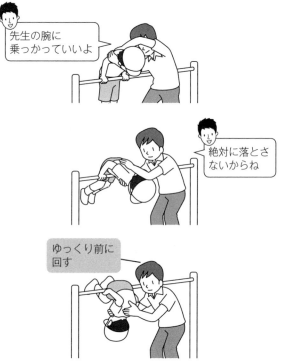

○肘をさわって伸ばす意識を

　1年生に限らず，鉄棒の上で自分を支えることができない子がいます。そのような子は，腕支持感覚が養われていないことや過去に鉄棒から落ちるといった痛い経験をした子であると考えられます。

　できるだけ早い時期につばめ姿勢をとれるようにしておくことで，少しでも鉄棒運動を楽しめるようになります。

　つばめ姿勢の補助は，背中側から両脇を持ち上げて鉄棒の上で支持する姿勢をとらせます。その状態で少しずつ腕に体重がかかるようにしていきます。一度に手を離してしまうと肘を曲げて下りてしまいます。

　少しの時間でも自分で支えられるように声をかけつつ，両脇から肘の位置に両手を移します。肘が曲がったら手のひらに当たって曲げにくくなるように押さえてあげます。

○腕に乗せて安心感を

　前回り下りは，教師の補助で安心して行うことで，すぐに1人でできるようになります。

　イラストのように鉄棒の反対側の横に立ち，利き腕を子どもの反対側の肩に伸ばして持ちます。頭が鉄棒の下にきたときに，落としてしまわないようにしっかりと肩を持ちます。

　腕に子どもの胸を乗せてゆっくり前に回し始めます。反対の手で背中に触れ，反ってしまい落ちそうになったときに受け止められるように備えます。子どもは，胸と背中をはさまれることで安心感をもちます。

　ゆっくりと回してあげて，頭が鉄棒の下までできたら，背中を支えてゆっくりと下ろしてあげます。

　少しずつ支える力を抜きながら数回くり返すと，子どもは1人でやるようになります。

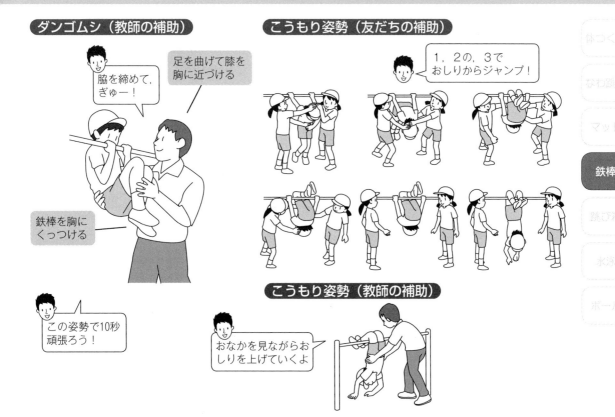

ダンゴムシ（教師の補助）

脇を締めて，ぎゅー！

足を曲げて膝を胸に近づける

鉄棒を胸にくっつける

この姿勢で10秒頑張ろう！

こうもり姿勢（友だちの補助）

1，2の，3でおしりからジャンプ！

こうもり姿勢（教師の補助）

おなかを見ながらおしりを上げていくよ

体つくり

なわ跳び

マット

鉄棒

跳び箱

水泳

ボール

○両腕で前後をはさみ，下から持ち上げる

　ダンゴムシは，体幹を締めることはもちろん，腕や足といった四肢も同時に締めることでできる運動です。

　体幹や四肢を締めたり弛緩したりすることは，あらゆる運動・スポーツの身体操作において必要な感覚です。

　低学年のうちにダンゴムシをたくさん経験しておくことで締め感覚を養っておくことができます

　全身を締めなければならないので，最初は腕が伸びてしまったり足が伸びてしまったりします。補助は，イラストのように両腕で前後をはさみ，下から持ち上げるようにして支えます。

　補助でダンゴムシの姿勢をつくることができたら，声をかけながら少しずつ支える力を抜いていきます。

○腰を持って痛みを軽減

　こうもり姿勢は，友だちの補助で両足を鉄棒に引っかけます（教師でも構いません）。

　こうもりをする子は，鉄棒を後ろ手で上からつかんで頭を下げます。両側に立ったお手伝いの子が頭を押さえ，おなかを下から手で持ち上げます。両足が鉄棒まで上がってきたら引っかけさせます。

　身体の大きな子は，手を鉄棒から離すと膝裏が痛くなるのですぐに下りてしまいます。教師の補助で腰を持ち上げてあげ，膝裏にかかる体重を軽くしてあげます。その姿勢で10秒間ぶら下がることができたら合格とします。

　すぐに下りてしまう子の補助は，ひっかけた足のすねや足首を上から手で押さえてしまいがちです。それは，その子にとって痛さが増すのでお勧めしません。

低学年の鉄棒遊びでは，腕支持感覚，体幹や四肢の締め感覚，回転感覚，逆さ感覚を意図的に養っていく必要があります。

　ここまでに挙げてきた運動は，教師のちょっとした補助でできるようになることが多い運動です。たくさん補助をしてあげて，子どもの「できた！」という笑顔をたくさん見てあげてください。

　ただし，鉄棒は落下の危険もあって怖がる子もいます。床やマットの上での基礎感覚づくりの運動を経験させてから鉄棒に触るという順序を踏むことで，よりスムーズにできるようになります。

○動物歩き

　じゃんけんや競争などを使って楽しく動けるように工夫します。

　基礎感覚づくりの基本である「くま，うさぎ，あざらし，クモ」といった動物歩きは，必ず十分に経験させておきます。

○マットで前回り

　鉄棒遊びで最も大事な回転感覚は，マットの上で回ることでも養うことができます。

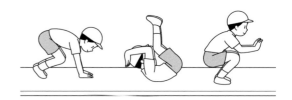

○よじ登り逆立ち

　よじ登り逆立ちによって逆さ感覚や腕支持感覚，締め感覚を養うことができます。

　よじ登り逆立ちは，①マットを見ながら，②肘をしっかりのばし，③足首を曲げたままかべにつま先を立てて登ることでほとんどの子ができるようになります。

　よじ登り逆立ちの姿勢になったときに，おなかが落ちてしまっている子がいることがあるので「おなかをひっこませて」や「おしりを高く上げて」といった言葉をかけて体幹を締めさせます。

くま　　　うさぎ

あざらし　　クモ

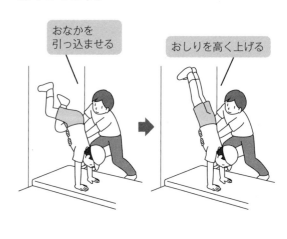

おなかを引っ込ませる

おしりを高く上げる

🔔 お手伝い・補助を取り入れた単元計画

単元計画表（１回の扱いは20分程度）

1～6回	7～12回
○鉄棒を使った動きをやってみよう ・つばめ ・自転車こぎ ・前回り下り ・ダンゴムシ ・ふとんほし ・こうもり　　など	○リレー形式で競争したりじゃんけんを使っ 　たゲームで楽しもう ・前回り下り競争 ・ダンゴムシ生き残り ・ふとんほしじゃんけん など

目標

○鉄棒に上がって体を支えたりお腹や足でぶら下がったり前回りで下りたりすることができる。

○友だちを応援したり数を数えたりする。

○進んで鉄棒遊びに取り組み，安全に気をつけながら友だちを補助する。

授業の流れ

　授業は，１回を20分程度で行います。鉄棒は，痛い，堅いイメージがあって苦手意識をもつ子が多いので，短い時間で次の動きに切り替えます。

　できることから始めて，回数や時間を増やしていきます。競争させたりじゃんけんを使ってゲーム化することで楽しく取り組むことができます。

　１～６回目は，「こんなことできるかな？」と言って，動きとその名前を紹介していきます。

　１つ１つの動きについて，全員ができてい

るのかを確認します。できない子には，補助をしてあげます。ほとんどの子は，数回補助をしてあげると１人でできるようになります。少しずつ力を抜いて１人でできるように上手に補助してあげます。

　つばめやダンゴムシは，５秒から始めて10秒くらい支持できるようにします。補助でも合格とします。

　自転車こぎは，つばめ姿勢で自転車をこぐように足を回します。10回以上こげるように挑戦します。

　前回り下りは，１回から始め，３回，５回，10回と連続回数を増やしていきます。これも補助でも合格とします。

　ふとんほしやこうもりは，その姿勢になれることに挑戦します。

　７～10回目は，できるようになった動きを４人の班でリレーをしたり，じゃんけんをしたりしながら競争して遊びます。

　まだ１人でできない動きのある子がいれば，リレー中であっても教師が補助をしてあげます。

　　　　　　　　　　　　　　　（清水　由）

12 お手伝いのスタートにぴったり！「逆上がり」

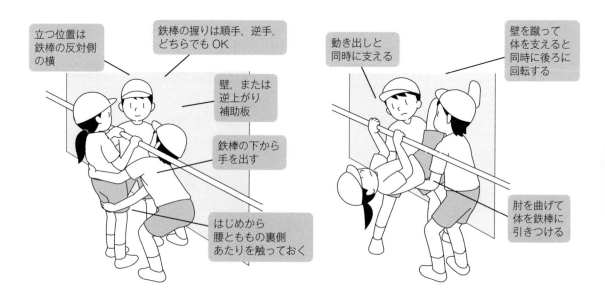

逆上がり（お手伝いのかまえ）

- 立つ位置は鉄棒の反対側の横
- 鉄棒の握りは順手，逆手，どちらでもOK
- 壁，または逆上がり補助板
- 鉄棒の下から手を出す
- はじめから腰とももの裏側あたりを触っておく

逆上がり（動き出し）

- 動き出しと同時に支える
- 壁を蹴って体を支えると同時に後ろに回転する
- 肘を曲げて体を鉄棒に引きつける

○お手伝いのスタートにぴったり

　逆上がりを「お手伝いのスタートにぴったり」としたのは，

　○逆上がりのお手伝いは，止まっている相手に触れた状態から始められる

　○運動する子1人に対して2人でお手伝いができて重さを分担できる

　○「とんとん」と壁を蹴ることで，本人も体を支えることになり，お手伝いが軽く済む

　○この後の「逆上がり」「だるま（抱えこみ）後ろ回り」「空中逆上がり」のお手伝いは，ほぼ同じで，ここでの技能が生かされる

等の理由からです。

○後転の感覚づくりを進める

　また，低学年の早い時期に逆上がりを経験して，後転の感覚を養っておくことは，その後に取り組む後転系の学習に役立ちます。鉄棒運動では，授業の教材としては前転系の運動はだるま回りを除いて難易度が高すぎ，後転系の運動を中心に扱うのが適切です。

　そのためにもお手伝いを含めた逆上がり系の運動で，"頭を後ろに落とし込む"後転の感覚づくりを積極的に扱っておきたいところです。また，逆上がりは1つの単元の学習課題として子どもを追い込むよりは，長い期間で少しずつ経験値を高めて，普段経験することが少ない後転系の感覚づくりを進めるのがよいと考えています。

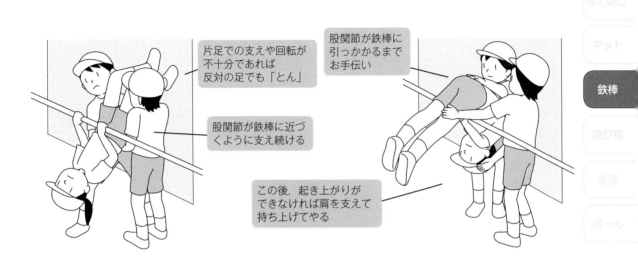

片足での支えや回転が
不十分であれば
反対の足でも「とん」

股関節が鉄棒に近づ
くように支え続ける

股関節が鉄棒に
引っかかるまで
お手伝い

この後，起き上がりが
できなければ肩を支えて
持ち上げてやる

体つくり
なわ跳び
マット
鉄棒
跳び箱
水泳
ボール

○はじめから触っている

　仲間の運動を「お手伝い」することから，動いている体を支えることをイメージしますが，逆上がりは「静止している体を触っている」状態からお手伝いを始めます。このため，お手伝いの経験のない子どもも有効なお手伝いをすることが可能です。

　鉄棒を挟んで逆上がりに挑戦する子どもの左右で2人が構えます。このとき，鉄棒の下から手を出して，腰や太ももの裏側あたりを触っておきます。逆上がりの動き出しと同時に，お手伝いの子も力を入れて体を支えてやります。

○腰（下腹）と鉄棒をくっつける

　逆上がりは，鉄棒と股関節（下腹）をくっつけて回転の軸をつくることがポイントです。体を支えて，これを手伝います。

　壁や補助具を利用した「とんとん逆上がり」であれば，股関節と鉄棒が大きく離れてしまうのを防ぎやすく，お手伝いもより容易です。

○股関節を鉄棒に引っかける

　鉄棒と股関節をくっつけたら，下半身が真上を通過するように手伝って鉄棒に股関節を引っかけます。「とんとん」と壁（補助具）を駆け上って逆さまになっても，その後，戻ってきてしまうこともあるので，股関節を引っかけるまでお手伝いします。

○体を起こす

　股関節が引っかかれば，あとは「ふとんほしからの起き上がり」と同じです。体を丸めて起き上がります。

　これも苦手としている子には，肩を持って起き上がらせるお手伝いをします。

　このように「お手伝い」で逆上がりと同じ運動経過，姿勢変化を経験させて，基礎感覚を養っていきます。

○連続前回り下り

鉄棒に股関節をかけた真っ逆さまの姿勢や回転が恐いままだと，とんとん逆上がりをしても恐怖感が伴います。前回り下りが連続でできるといいでしょう。

○だんごむし（腕曲げ持久懸垂）

体幹の締めの感覚を養っておき，鉄棒を股関節に引きつけてくる感覚につなげます。

○ふとんほし

逆さまの姿勢で緊張しすぎないように，ふとんほしで鉄棒から手を離してリラックスできるといいでしょう。両手でなくても，片手を離すことができれば，隣の子とじゃんけんをして遊ぶことができます。ゲーム化した教材で少しずつ真っ逆さまの姿勢に慣れていきます。

逆さまの姿勢に慣れるのと同時に，ふとんほしで股関節を鉄棒に当てることを認識させていきます。それは，中学年から高学年で学ぶ，「空中逆上がり」「空中前回り」も股関節を回転の鉄棒に当てて回転の軸とするからです。今後の学習でも，ふとんほしで鉄棒に当てたのと同じようにすることが重要なポイントとなるのです。

○ふとんほしからの起き上がり

ふとんほしから前回り下りで下りるのも，回転感覚づくりに効果があっていいのですが，逆上がりの感覚づくりを進めることを考えると，起き上がってつばめの姿勢に戻ることも経験させておきたいところです。

ふとんほしからの起き上がりは，逆上がりの後半部分と同じ運動です。これができない

と，お手伝いで股関節を鉄棒にかけてやっても，その後起き上がれずに，前回り下りで戻ってしまうことになります。

失敗の原因は，右のイラストのように，起き上がる意識が強すぎて，背中を伸ばして勢いよく起き上がろうとしてしまうことです。あごが上  がるとさらに起き上がりにくくなり，鉄棒と同じ高さまで頭を上げるのも難しくなります。

ふとんほしから起き上がるには，右のイラストのように，自分のおへそを見て背中を丸めて，上半身を縮めて起き上が  ってくることです。

逆上がりの後半部分でもあり，空中逆上がりができるようになったばかりの頃，やや回転不足のときにも役に立つ感覚となります。また，回転の軸は違いますが，「膝掛け後ろ回り」の後半部分で，「肘を曲げて上半身を小さくする，目はおへそを見る」というポイントにもつながる感覚です。

○後ろ転がり

中学年まで単元が続くので，後ろ転がり（後転）も経験しておくと後方への回転感覚づくりに役立ちます。

お手伝い・補助を取り入れた単元計画

単元計画表（1回の扱いは5分〜10分程度）

1回	2回	3回	4回	5回	6回	7回	8回	……2〜4年生くらいまで
○とんとん逆上がりのやり方 ※できない子は教師の補助で	○お手伝いの方法（p58〜59解説参照）	○「連続とんとん逆上がり」や「とんとん逆上がりリレー」で楽しみながら感覚づくりを進める						○お手伝いを含めた「連続逆上がり」「20秒逆上がり」「逆上がりリレー」などを経験させながら逆上がりができるようにしていく

目標

○お手伝いを含めた逆上がりがスムーズにできる。

○逆上がりのお手伝いの方法がわかり，できるようになる。

授業の流れ

　1回目でとんとん逆上がりの方法，2回目でお手伝いの方法を理解させます。

　とんとん逆上がりは，素早く強く壁を蹴ることで逆さ姿勢から股関節を鉄棒にくっつけます。お手伝いは，「鉄棒の反対側の横に立ち」「腰，ももの裏側あたりを触っておく」「逆上がりを始めたらすぐに持ち上げてやる」という指示で行わせます。

　最後の起き上がりが難しい子は肩を持って上げてやりますが，顔を鉄棒にぶつけないように注意させます。

　あとは連続3回〜10回や，1人3回ずつのリレーなどにして経験値を高めて感覚づくりを進めます。

　2年生以降は，壁のない鉄棒でも，お手伝いも含めたリレーや20秒逆上がりなどで逆上がりの動きに慣れていきます。時々，お手伝いなしの逆上がりにも挑戦させて，できるようになった子を賞賛すると意欲が継続します。

　このような活動で，4年生くらいまでの期間で後転に慣れることと，逆上がりができることを目指します。担任が変わっても，次の学年に活動と子どもの実態が引き継げると理想的です。

（平川　　譲）

ふとんほし

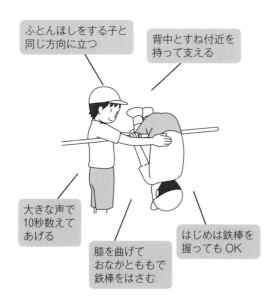

- ふとんほしをする子と同じ方向に立つ
- 背中とすね付近を持って支える
- 大きな声で10秒数えてあげる
- 膝を曲げておなかとももで鉄棒をはさむ
- はじめは鉄棒を握ってもOK

ふとんほしブランコ

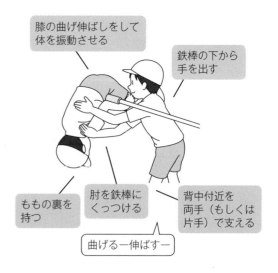

- 膝の曲げ伸ばしをして体を振動させる
- 鉄棒の下から手を出す
- ももの裏を持つ
- 肘を鉄棒にくっつける
- 背中付近を両手（もしくは片手）で支える
- 曲げるー伸ばすー

○前回り下りの補助

前回り下りを怖がるつまずきがみられる子は，教師が補助をしましょう。鉄棒の上でつばめの姿勢から前方に頭を落とし込むことに恐怖心があると，回転の勢いを止めようと全身に力が入ってしまいます。このつまずきがみられるときには，子ども同士で，お手伝いすることは難しいです。教師が補助することによって安心感をもたせます。場合によっては抱きかかえて回してしまいます。

お手伝いの方法は，片手で背中を支え，もう一方の手でももの裏を支えます。背中をおさえるのは，力が入りすぎて背中が反り返らないようにするためです。また，ももの裏をおさえることで落下への恐怖心を和らげます。はじめは，1回ずつゆっくり回転させましょう。次第にスピードを上げていき，前方への倒れ込みに慣れさせましょう

○安心して逆さまになるお手伝い

上のイラストのように子ども同士お手伝いをしましょう。

ふとんほしのお手伝いも前回り下りと同じように鉄棒の上から片手を背中へ伸ばします。もう一方は，すね付近を支えます。逆さになることを怖がっている子にお手伝いしましょう。

ふとんほしブランコは，ブランコする子の横に立って，振動のお手伝いをします。鉄棒の下から手を伸ばし背中に手を当てます。また，ブランコをする子の肘が，回転補助具についていることを確認します。

ふとんほしやふとんほしブランコでは，逆さの姿勢になるので，実際の動きと本人のイメージがずれていることがあります。実際に触れるお手伝いに加えて，声で伝えるお手伝い（アドバイス）も必要です。

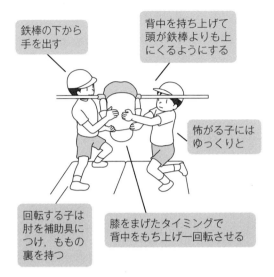

だるま回り（1回転）

鉄棒の下から
手を出す

背中を持ち上げて
頭が鉄棒よりも上
にくるようにする

怖がる子には
ゆっくりと

回転する子は
肘を補助具に
つけ，ももの
裏を持つ

膝をまげたタイミングで
背中をもち上げ一回転させる

だるま回り（連続回転）

2人でタイミング
を合わせて

曲げたままになりやすいので
「伸ばしてー」と声をかける

すばやく2回転目も
お手伝い

脇があかないように
声をかける

回転する子は
膝の曲げ伸ばしを
続ける

体つくり

なわ跳び

マット

鉄棒

跳び箱

水泳

ボール

○だるま回り1回転のお手伝い

お手伝いをする子は，回転する子の側に立ちます。そして，鉄棒の下から手を伸ばして背中に手を当てお手伝いの準備をします。

ブランコの膝の曲げ伸ばしの「曲げる」タイミングに合わせて背中を持ち上げ，回転させます。お手伝いをする子が「イチ・ニー・サン」「次に回すよ」などと声をかけると回転をする心の準備ができ，タイミングを合わせやすくなります。お手伝いが1人で持ち上げることができなければ両側に立って2人でお手伝いをします。

だるま回りでは，回転軸が固定されていて，回転途中に太ももをつかんでいる手を離さなければ，誰もが回転することができます。そのため，お手伝いで回転させる前に，回転補助具に肘がついていること，脇が開いていないことを確認しておきましょう。

○連続回転のお手伝い

1回転することに慣れてきたら次は連続回転に取り組みます。

連続で回転するためには，回転の勢いとなる膝の曲げ伸ばしを続ける必要があります。続けて回転できない子は，1回回れた後に膝を曲げたままの状態になっていることで，次の回転につながらないことがほとんどです。仲間のお手伝いを受けているときも膝の曲げ伸ばしを意識させます。

お手伝いは頭が鉄棒を超えたらいったん手を離し次の回転に備えます。頭を前に落とし込むところまで力を加えて回転させてしまうと，恐怖心が出てきてしまうので力加減が必要です。

お手伝いの連続回転に慣れたら，1回目はお手伝いしてもらい，その後は自分の力で回転し続けられるようにします。

お手伝い前にこれだけはやっておこう！

○前回り下り

　前方への回転感覚を身につけるために必要な運動です。鉄棒の上で腕立ての姿勢から頭を前方にたおし込む感覚を養いましょう。はじめは１回転でいいですが，10秒間に３〜５回転程度できるようになると回転することに慣れるでしょう。

○だんごむし

　鉄棒を両手で握り，肘を曲げて顔が鉄棒よりも高い姿勢になるようにします。また，膝を曲げて胸の前でかかえるような姿勢になりましょう。ぶら下がっているときは，腕だけではなく体幹に力を入れて，体を締める感覚を養うことができます。少なくとも５〜10秒できるようにしたいです。肘が伸びたり顔が鉄棒の下にならないように気をつけます。

　この感覚は，だるま回りのときに太ももの裏をつかんで姿勢を保たせるために必要です。

○ふとんほし

　前回り下りの途中で回転をやめ，下腹部を鉄棒にかけた逆さの姿勢になります。腰骨の上あたりが鉄棒にかかるようにします。おなかが鉄棒にかかると痛みを感じるので気をつけましょう。

　手を鉄棒から離して脱力した状態でぶら下がれるといいでしょう。隣の子とじゃんけんをするとゲームに夢中になって手を離すことができます。

○ふとんほしブランコ

　ふとんほしの姿勢になって太ももの裏を手で支え，膝を伸ばしたり，曲げたりして体を前後に振動させます。膝を曲げるときに力を入れて体を大きく振動させましょう。

　姿勢を安定（回転軸を固定）させるために肘を補助具につけておくことを忘れずに。脇が開いてしまうと力が上手く伝わらず，体を振動させられません。振動しているときに顔が鉄棒よりも高く上がってくるようにします。

　続けて回転することを見据えて曲げ伸ばしをし続けることを意識させましょう。

 お手伝いナシへの STEP

　だるま回りを１人で成功させるためには，ふとんほしブランコで体を大きく振動させることが重要です。

> ○だるま回りの姿勢を身につける
> ○回転の勢いとなる膝の曲げ伸ばしの習得

この点を習得することができるふとんほしブランコは１人で回転するために必要な運動です。そのため，時間をかけてゆっくりと取り組みましょう。大きく体を振動させる感覚をくり返し体験させます。中には，勢い余って回ってしまう子もいますが，多くの子が大きな振動になるまでは，回転を紹介することはありません。

　そして「２人でお手伝いして１回転」次に「１人でお手伝いして１回転」そして「連続回転のお手伝い」「１回のお手伝いでその後は自力で回転」という順を追い，最後は１人で回転することを目指していきます。

お手伝い・補助を取り入れた単元計画

単元計画表（1回の扱いは20分程度）

1回	2〜5回	6〜10回	11〜14回
○前回り下り ・怖がってできない場合には教師が補助。 ○だんごむし ○ふとんほし （p62解説参照）	○だんごむしなど ○ふとんほし ○ふとんほしブランコ （p62解説参照） ・体を大きく振るためにはいつ力を入れればいいか。	○だんごむしなど ○ふとんほしブランコ ○だるま回り1回転 （p63解説参照） ・回転するためにはどうすればいいか。	○だんごむしなど ○連続だるま回り （p63解説参照） ・連続で回転する方法について考える。 ○つばめからのだるま回り

目標

○前方への回転感覚を身につけることができる。

○だるま回りのお手伝いの方法がわかり補助することができる。

授業の流れ

　授業は20分×14回の組み合わせ単元で計画します。

　1回の取り組みが短い時間でも，くり返し長期間になることで技能習得・向上が期待できます。

　毎回の授業では，準備運動として前回り下りやだんごむし，ふとんほしブランコを適宜組み合わせて感覚を養います。

　そして，全体で動きのポイントを確認して身長順の男女グループで活動します。体格が似ている子同士なので互いのお手伝いがしやすいです。班ごとに活動する中で互いの動きを観察したり，お手伝いをして技能を高めていきます。

　確認する動きのポイントは，

○体を大きく振動させるためにはいつ力を入れるのか。膝を伸ばす？　曲げる？

○連続で回転できている子とそうでない子のちがいは（膝の曲げ伸ばしを続けている）。

　このような動きのポイントを仲間の観察を通して全体で共有します。これらを共有することで互いのお手伝いがスムーズに取り組めます。

　毎回の授業の最後に，その授業で初めて1人で成功することができた子が，全員の前でだるま回りを発表する場を設けます。これでできたら合格です。

　単元後半には，できていなくてもあと少しという場合には発表のチャンスがあります。仲間に見られている緊張感と集中力によって，その場で成功するということが多くあります。実際に体をさわるお手伝いに加えて，「頑張れ」など応援や「曲げて，伸ばして」というリズムのお手伝いをする姿がみられます。

（眞榮里耕太）

だるま後ろ回り

①

②

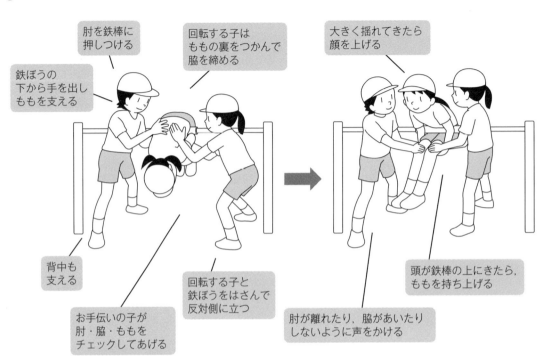

肘を鉄棒に押しつける

回転する子はももの裏をつかんで脇を締める

鉄ぼうの下から手を出しももを支える

大きく揺れてきたら顔を上げる

背中も支える

お手伝いの子が肘・脇・ももをチェックしてあげる

回転する子と鉄ぼうをはさんで反対側に立つ

頭が鉄棒の上にきたら，ももを持ち上げる

肘が離れたり，脇があいたりしないように声をかける

○3つのポイントをチェック

　お手伝いをする子は，回転する子と鉄棒を挟んで反対側に立ちます。片方の手を鉄棒の下から伸ばしてももの裏を支え，もう片方の手で背中を支えて，お手伝いの準備をします。

　このときに，お手伝いの子は回転する子が，

①肘を回転補助具に押しつけているか

②脇を締めているか

③ももの裏をつかんでいるか

をチェックしてあげましょう。

　上手くできていない場合には，声をかけたり，正しい姿勢にしてあげたりするとよいでしょう。

○支えながら声をかける

　回転する子は，膝の曲げ伸ばしを始めます。お手伝いの子は「曲げる〜〜，伸ばすっ！曲げる〜〜，伸ばすっ！」と声をかけてリズムをとりましょう。そのときにも，お手伝いの手を離さないようにしましょう。また，体を振っているときも，回転する子の肘・脇・ももを見ておきましょう。

　回転する子は大きく体が振れてきたら顔を上げましょう。お手伝いの子は，回転する子の頭が鉄棒の上にきたら，ももを持ち上げるようにしましょう。

鉄棒の真上まで
足をしっかり伸ばす

はつくり

なわ跳び

マット

鉄棒

跳び箱

水泳

ボール

落ちないようにもも・背中を
しっかり支える

ももから手を離さない
ように声をかけるといい

背中を支えながら足を
鉄棒に引っかけるように
お手伝いをくり返すと
連続で回ることができる

鉄棒の真上で足を伸ばしたら
後方に足を蹴り出す

仲間の動きに
合わせて足を鉄棒に
引っかけてあげる

○背中とももを支える

　振りを大きくするには，膝の屈伸を大きく
し，鉄棒の真上で足をしっかり伸ばしましょ
う。

　お手伝いの子は，体の振りに合わせて回転
する子が落ちないように，背中とももをしっ
かり支えましょう。また，体が大きく振れて
くると勢いに負けて，手や肘が離れたり，脇
があいたりしてくるので声をかけましょう。

　足が鉄棒の真上にくるぐらいまで，体を振
ることができたら，頭を後ろに下げて，体を
後方に倒れ込ませましょう。

○タイミングを合わせる

　体を上げるタイミングで曲げた膝を，体を
後方に倒れ込ませるタイミングでは再度伸ば
して蹴り出しましょう。

　お手伝いの子は回転する子の動きに合わせ
て，足を鉄棒に引っかけてあげましょう。

　背中を支えながら，足の振り上げに合わせ
て，鉄棒に足を引っかけるお手伝いをくり返
すと，連続で回転することができます。

　慣れてきたら，お手伝いの人数を減らして
いきますが，お手伝いでも成功体験を重ねて，
感覚を高めることが大切です。

先月の「だるま回り」に続いて，今月ご紹介するのは「だるま後ろ回り」です。

だるま後ろ回りは，だるま回りの学習の後に取り組むと，スムーズに学習を進めることができます。

○だるま回り

だるま後ろ回りは，だるま回りと反対方向に回転します。だるま回りを学習してあると，かなり簡単にできるようになります。

「ももの裏をつかんで脇をしめ，肘を鉄棒（回転補助具）に押しつけること」「回転の勢いとなる膝の曲げ伸ばしを習得すること」の２つの動きができているかが大切です。「２人でお手伝いして１回転」「１人でお手伝いして１回転」「連続回転のお手伝い」「１回のお手伝いでその後は自力で回転」と順を追って取り組ませ，着実に感覚を高めていきましょう。

○ふとんほしブランコ

だるま回りの動きに不安のある子には，ふとんほしブランコに取り組ませましょう。ふとんほしの姿勢になって太ももの裏を手で支えます。そして，ブランコを漕ぐように，膝を曲げたり，伸ばしたりして体を前後に振動させます。膝を曲げるときには，かかとをおしりに当てるようなイメージで，膝を伸ばすときにはピーンッ！と足が一直線になるようなイメージで，はっきりと曲げ伸ばしを行うことが大切になります。中途半端な曲げ伸ばしでは，大きな振動にはなりません。

また，上手に力が伝わるように①脇がしまっているか，②肘が補助具についているか，③ももをしっかりと抱えているかをお互いに確認しましょう。これも立派なお手伝いです。

○ふとんほし

前回り下りの途中で回転をやめ，腰骨の上のあたり（おへその少し下）を鉄棒にかかるようにして逆さの姿勢になります。

最初は鉄棒から手を離すことも怖いと感じる子もいるはずです。片手だけ離す，10回だけ拍手をする，じゃんけんをするなど段階的に手を離して逆さの姿勢がとれるようにしましょう。じゃんけんを使ったゲームを取り入れることで，夢中になりながら感覚を高めることができます。

「だるま回り」のポイント同様，「ももの裏をつかんで脇をしめ，肘を鉄棒（回転補助具）に押しつけること」「回転の勢いとなる膝の曲げ伸ばしを習得すること」を常に意識して，感覚を高めることが大切です。また，「体を後方にタイミングよく倒す」「伸ばした足を曲げて後方に蹴り出す（鉄棒に引っかける）」など，「だるま後ろ回り」特有の動きについても習得していきましょう。

特に伸ばした足を曲げて後方に蹴り出す（鉄棒に引っかける）動きは，お手伝いでくり返し成功体験をしていくことが重要です。後方への倒れ込みと後方に蹴り出すタイミングをつかめるように，上手にお手伝いを活用していきましょう。

お手伝い・補助を取り入れた単元計画

単元計画表（1回の扱いは20分程度）

1回	2～6回	7～10回
○だるま回り（前） ・連続で回る（お手伝いありでもOK！） ○お手伝いの方法	○お手伝いで1回転 ・背中とももを支えてもらう ・お手伝い2人→1人 ・1回転→連続	○連続だるま後ろ回り ・連続で回転するポイントは何か

右側ナビ：体つくり／なわ跳び／マット／**鉄棒**／跳び箱／水泳／ボール

目標

○後方への回転感覚を身につけることができる。

○だるま後ろ回りのお手伝いの方法がわかり、補助することができる。

授業の流れ

授業は20分×10回の組み合わせ単元で計画します。この計画は、「だるま回り」が既習であることを前提としています。実態に応じて、授業回数を変えてください。

1回の取り組みは短時間で集中して取り組ませ、長期間くり返し取り組めるようにしましょう。その方が、技能の習得・向上が期待できます。また、鉄棒が得意な児童もそうでない児童も、1時間鉄棒運動に集中して取り組むことは容易ではありません。

単元のはじめは、だるま回りの習熟具合を見ます。1人で連続で回れていれば、スムーズにだるま後ろ回りに取り組むことができるはずです。苦手な児童も、お手伝いをしてもらいながら回転しましょう。その上で、だるま後ろ回りのお手伝いの方法を全体で確認します。お手伝いをする子は、だるま回りと違い、回転する子と鉄棒をはさんで反対側に立ちます。足の曲げ伸ばしに合わせて、頭が後方に倒れた、足が上がってきたときにももを持ち上げ、背中を支えて回転させます。

単元中盤では、頭の位置に注目させて後方に倒れ込むことを確認したり、足を伸ばした後に鉄棒に足を引っかけるように膝を曲げて後方に蹴り出していることを確認したりしましょう。また、だるま回り同様、その授業で初めて1人で成功することができた子が、全員の前でだるま後ろ回りを発表する場を設けます。ここでできたら合格です。

単元後半では、連続だるま後ろ回りに挑戦しましょう。この際、必ず同じ班の仲間の回数を数えます。回転数が増えたり、回転速度が上がってくると自分で回数を数えるのが難しくなります。また、仲間が何回回れるのかを知ることで、目標を設定しやすくなり、相乗効果が期待できます。仲間と競争しながら回転感覚を高めることができます。

苦手な子には教師の補助で成功体験を増やして、くり返し取り組めるようにかかわりましょう。

（齋藤　直人）

膝掛け振り上がり

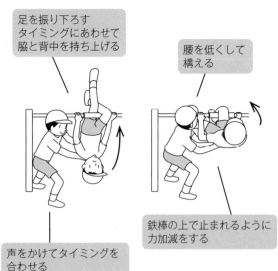

足を振り下ろすタイミングにあわせて脇と背中を持ち上げる

腰を低くして構える

鉄棒の上で止まれるように力加減をする

声をかけてタイミングを合わせる

後方片膝掛け回転

①

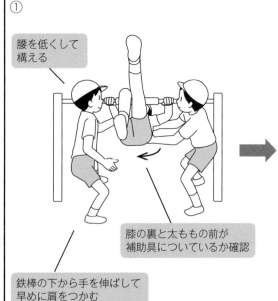

腰を低くして構える

膝の裏と太ももの前が補助具についているか確認

鉄棒の下から手を伸ばして早めに肩をつかむ

○鉄棒の上に上がる感覚を身につける

　片足を鉄棒にかけ，反対の足を上下に振ることによって体を上下に振動させます。頭が鉄棒の高さくらいまで上がってきたら手首を返して鉄棒を押し，体を鉄棒の上に持ち上げます。お手伝いは鉄棒の上に上がる動きを助けることになります。

　お手伝いの子は，運動をする子のすぐ側に立ちます。体が振動するタイミングに合わせて脇の下と背中を両手で抱え上げるように持ち上げます。このときに鉄棒を押す感覚が身につくようにしましょう。

　お手伝いが有効になるのは，頭が鉄棒の高さにくるまで振動させることができてからです。それまで大きく振動させるように足を振りましょう。

○勢いがあるうちに持ち上げる

　後方への回転を助けるため，鉄棒をはさんで反対側で待ちます。鉄棒の下から上がってくる肩付近を持ち上げるため腰を落として低い姿勢で待ちましょう。はじめは，上のイラストのように2人でお手伝いをします。

　回転する仲間のお手伝いをするときには，運動する子のスピードを生かすようにします。足を振り上げて後方に倒れ込む勢いがあるうちに持ち上げるとお手伝いの子の力がそれほど必要ありません。

　回転できず，動きが止まったところで持ち上げようとするとお手伝いの子にかかる負荷が非常に大きくなります。また，お手伝いされる子も同様に膝裏や持ち上げられている肩に痛みを感じてしまうので，持ち上げるタイミングが重要です。

②

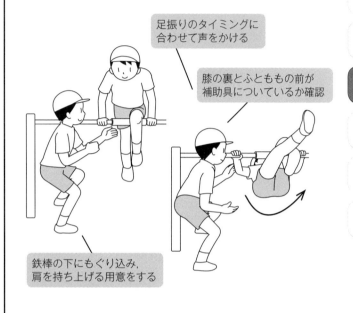

鉄棒の上から片膝掛け回転

頭が鉄棒の上に上がって
くるまで持ち上げる

足振りのタイミングに
合わせて声をかける

膝の裏とふとももの前が
補助具についているか確認

回転に慣れてきたら
お手伝いを1人にする

鉄棒の下にもぐり込み,
肩を持ち上げる用意をする

○スムーズに回転させる

　はじめは，両側から2人で肩を持ち上げます。お手伝いの子にかかる負荷が小さくなってきたところでお手伝いを1人にします。

　回転する子は，後方に倒れ込むまでは，肘を伸ばし，お手伝いの子に肩を持ち上げてもらい，頭が上がってきた頃には，肘を曲げて体を丸め，鉄棒の上に起き上がるようにします。

　1人で挑戦していると鉄棒を強く握ってしまい，回転が止まるつまずきがあります。このようなつまずきには，お手伝いでくり返し回転するときの感覚を身につけさせる必要があります。

　また，回転のお手伝いに加えて「力を抜いて」「手首を返して」などの動きを意識させる声をかけるお手伝いも継続して行いましょう。

○鉄棒の上からの回転のお手伝い

　動きのお手伝いについては，地面に足をつけてからの回転と同様です。

　鉄棒の上に上がってから始める場合には，掛けていない足を振動させてタイミングをとることになります。お手伝いする子は「イチ・ニー・サン」と声をかけて運動のタイミングを合わせるようにします。

　鉄棒の上から始めるときには，はじめは太ももの裏を鉄棒にのせていますが，回転をはじめる際に膝の裏に鉄棒をかけ替える必要があります。このかけ替えが上手くいかない場合には，背中側に倒れることができず，おしりから下りるような姿勢になります。回転の勢いにつながらないため，そのときには，「イチ・ニー・膝」と言って鉄棒を膝の裏にかけ替える動作を意識させましょう。

お手伝い前にこれだけはやっておこう！

○お手伝い逆上がり

　逆上がりは，後方（背中側）へ体を倒す動きが，後方片膝掛け回転と類似しています。鉄棒を握った姿勢でさらに地面に足が着いている状態なので恐怖心をもつことなく頭を後ろに倒す感覚を身につけることができます。また，後方に回る子のお手伝いの方法を確認することができます。

　さらに，体が鉄棒の上に上がってくるときに鉄棒を握り直して鉄棒を押す感覚を身につけることができます。

○後ろだるま回り（後方抱え込み回り）

　背中の方向に回転する（連続を含む）感覚を身につけるために取り組みましょう。

　後方片膝掛け回転は，背中の方向に体を倒すため，慣れていないと恐怖心を抱いてしまいます。怖がってしまうと全身に力が入って

しまい回転につながりません。くり返し回転しやすいだるま回りで回転感覚を身につけておきましょう。

○膝掛け振り上がり（左右）

　片膝を鉄棒にかけぶら下がります。かけていない方の足を振って体を振動させます。その振動の勢いで，前回転方向に体を上げ，鉄棒の上まで上がります。

　足を振り下ろすときに力を入れると体が大きく振動します。体が鉄棒の下にあるときには肘を伸ばします。体が上がってくると肘を曲げて力を入れます。このときに手首を返し，鉄棒を押して上がる感覚を身につけます。

　片方の足でできるようになったら，反対側の足をかけてもできるようにしましょう。後方片膝掛け回転でも左右どちらの足をかけてもできるようにしたいと考えています。

 お手伝いナシへのSTEP

　後方片膝掛け回転を成功させるには次の点に気をつけましょう。

○膝裏と振り上げる足のふとももの前で鉄棒をはさむ（回転軸の固定）。

○肘を伸ばした状態で回転をはじめ，起き上がるときに肘を曲げ，体を丸めて鉄棒の上に上がる。

　はじめは片膝を掛けて，もう一方の足を振って体を大きく振動させる練習から取り組みます。膝の裏をかけた姿勢に慣れることと，足を振って体を振動させることを身につけましょう。

　体が振れるようになってきたら，地面から

の後方片膝掛け回転を行い1回転しましょう。このときにお手伝いの方法を確認します。

　この運動のつまずきとして，回転軸を固定できない，鉄棒を強く握りすぎている，ことが挙げられます。これらは，お手伝いで成功体験をくり返すことによって動きを修正することができます。

　そして，鉄棒の上に上がって回転を行います。太ももの裏から膝に鉄棒をかけ替える動きにつまずくことがあるので，この動きを意識させます。

お手伝い・補助を取り入れた単元計画

単元計画表（1回の扱いは20分程度）

1～4回	5～8回	9・10回
○お手伝い逆上がり 　腰を両手で持ち上げてお 　手伝いする ○膝掛け振り上がり 　（p70解説参照） ○後方片膝掛け回転（地面か 　ら） 　（p70～71解説参照）	○後方片膝掛け回転 　（p70～71解説参照） ○連続回転 　鉄棒の上に戻ってきたら 　姿勢を立て直して再び回 　転。	○連続回転 ○反対足で後方片膝掛け回 　転 　（p70～71解説参照） 〈発展として〉 ○両膝掛け後方回転 　両膝をかけて回転する。 　はじめは教師が補助をす 　る。

目標

○後方への回転感覚を身につけることができ
　る。
○膝掛け後方回転のお手伝いの方法がわかり，
　お手伝いすることができる。

授業の流れ

　授業は20分×10回の組み合わせ単元で計画
します。他の鉄棒運動と同じように短い時間
でも長期間繰り返し取り組むことによって技
能を習得し，定着させることがねらいです。
　後方片膝掛け回転に取り組むにあたっては，
次の点に気をつけさせて取り組みます。
○膝を掛けていない足を勢いよく振り上げる
　（サッカーのオーバーヘッドキックのよう
　に）。
○回転前半は肘を伸ばし胸を張って回転半径
　を大きくして，回転後半は肘を曲げて体を
　丸め起き上がってくる。
○回転軸を固定する（かけている膝の裏で鉄

棒をはさみ，かけていない足の太ももの前
部を回転補助具に押し当てる）。
○鉄棒を握っている手は体が起き上がってく
　るときに握り直して鉄棒を押す。

　動きを成功させるためには，これらのポイ
ントについて意識させます。ポイントは，一
気に全て示すのではなく，少しずつ意識させ
ていきましょう。その際には，子ども同士の
モデルで動きの確認をすると理解しやすくな
ります。

　はじめは回転しやすい足をかけての回転で
できるようにします。そして，その足をかけ
て連続で回転することに挑戦させましょう。
10回程度回転を続けられるようになったら反
対の足をかけて同じように回転できるように
します。

　ここまで多くの子ができるようになったら
両膝を掛けて回転することに取り組ませても
よいでしょう。ただし，落下の危険があるの
で，はじめは教師が補助をしましょう。

（眞榮里耕太）

空中逆上がり（補助2人）

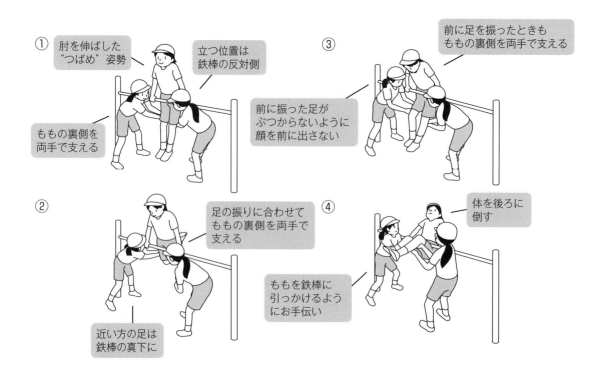

① 肘を伸ばした"つばめ"姿勢
立つ位置は鉄棒の反対側
ももの裏側を両手で支える

② 足の振りに合わせてももの裏側を両手で支える
近い方の足は鉄棒の真下に

③ 前に足を振ったときももの裏側を両手で支える
前に振った足がぶつからないように顔を前に出さない

④ 体を後ろに倒す
ももを鉄棒に引っかけるようにお手伝い

○2人お手伝い空中逆上がり

①お手伝いをする子は，空中逆上がりをする子と鉄棒を挟んで反対側に立ちます。

　空中逆上がりをする子は肘を伸ばして"つばめ"の姿勢になります。

　お手伝いをする子は，ももの裏側を両手で支えて構えます。動いていない状態のときから支えておくことが大切です。

②空中逆上がりをする子が足を後ろに振ったときにも，その動きに合わせてももの裏側を両手で支えます。

　お手伝いをする子は鉄棒に近い方の足を，鉄棒の真下か反対側に置き，しっかりと力が入るように構えます。

③空中逆上がりをする子が足を前に振ったときにも，その動きに合わせてももの裏側を支えます。前に振った足がぶつからないように，顔を前に出しすぎないように気をつけましょう。

　「いーち，にー，の」とお手伝いをする子がリズムをとってあげると，お互いの動きがバラバラになりにくくなります。

④「いーち，にー，の」「さんっ！」で，足を鉄棒に引っかけるようなイメージでももを持ち上げ，お手伝いをして回転させます。

　最後まで，手を離さずに支え続けましょう。

　ここでも顔を前に出しすぎないように気をつけましょう。

　また，空中逆上がりをする子の体が鉄棒から完全に離れ，体を持ち上げるようなお手伝いにならないように，しっかりとタイミングを合わせましょう。

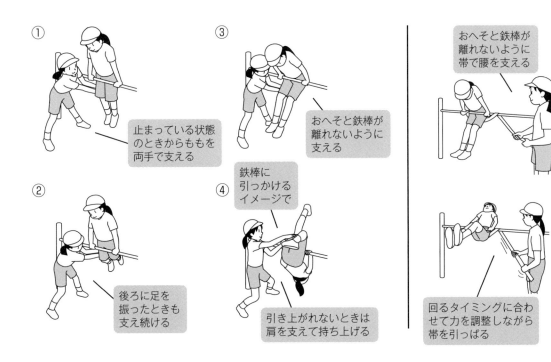

空中逆上がり（補助1人）　　　　　　　　　空中逆上がり（補助用具）

体つくり　なわ跳び　マット　鉄棒　跳び箱　水泳　ボール

① 止まっている状態のときからももを両手で支える

② 後ろに足を振ったときも支え続ける

③ おへそと鉄棒が離れないように支える

④ 鉄棒に引っかけるイメージで／引き上がれないときは肩を支えて持ち上げる

おへそと鉄棒が離れないように帯で腰を支える

回るタイミングに合わせて力を調整しながら帯を引っぱる

○1人お手伝い空中逆上がり

　基本的には左のページにある「2人お手伝い空中逆上がり」と同じです。

　お手伝いをする子は，空中逆上がりをする子が"つばめ"の姿勢で動いていない状態のときから，片側のももを両手で支えます。

　動き始めてからお手伝いをしようとすると，タイミングが合わなかったり，回転に間に合わなかったりすることがあるので，動いていない状態のときから支えておくことが大切なのです。回転が終わるまで，手を離さずに支え続けましょう。

　空中逆上がりをする子は，おへそが鉄棒から離れないようにすることと，回転するというよりも足を鉄棒にタイミングよく引っかけるようなイメージで取り組みましょう。

○補助用具を使ったお手伝い

　柔道の帯，もしくは，2本結んだ手ぬぐいを準備します。

　片側を鉄棒に結びます。

　空中逆上がりをする子の腰のあたりに引っかけて，下から鉄棒に巻きつけて，お手伝いをする子が引っぱります。

　これは，空中逆上がりで回るときに，おへそが鉄棒から離れて，体が下に落ちてしまう子のための，補助具（柔道の帯，手ぬぐい）を使ったお手伝いです。

　足を振る動作ができないので，お手伝いする子が軽く肩を押して，後ろに倒れる動きを助けてあげてもよいでしょう。

お手伝い前にこれだけはやっておこう！

○お手伝い逆上がり

○後ろに，ポンッ！

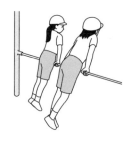

　地面に足を着いた状態からのお手伝い逆上がりは，逆上がりをする子にとっても，お手伝いをする子にとっても大変有効です。

　逆上がりをする子にとっては，逆さ感覚・回転感覚だけでなく，肘を曲げて体を鉄棒から離さないようにしたり，足を振り上げて引っかけたりする感覚を高めます。

　お手伝いをする子にとっては，ももの支える場所を確認したり，鉄棒にうまく足を引っかけたりする練習になります。

　ただし，地面に足の着いた状態からの逆上がりができなくても，空中逆上がりができる子もいます。それは，普通の逆上がりよりも空中逆上がりの方がクリアするべき課題が少ないからです。

　つばめの姿勢から，足を前後に振り，鉄棒を押して，後ろに飛びます。

　「いーち，にー，の，さんっ！」で後ろに大きくジャンプし，両足でしっかり着地します。最初はゴム紐などの目印に安全に着地することを目標に。慣れてきたら，誰が遠くまで飛べるか競争をしながら，腕支持感覚と足を大きく前後に振る感覚を高めます。

　「お手伝い逆上がり」も「後ろに，ポンッ！」も，おなか（おへそより下）を意識しましょう。

　「お手伝い逆上がり」は鉄棒からおへそが離れないように意識し，「後ろに，ポンッ！」はおなかが着いたり離れたりしていることを意識してみましょう。

 お手伝いナシへの STEP

　お手伝いで何度も何度も「空中逆上がり」の成功体験をすることが重要です。

　成功するイメージがないまま，1人で何度挑戦しても，失敗するくせがついてしまったり，恐怖心を覚えたりしてしまい，なかなか技能が身につきません。

　お手伝いの人数を減らしても成功することができれば，自分の技能が高まっているとい

えます。1人お手伝いで成功を重ねたら，お手伝いナシに挑戦してみましょう。

　その際に，1人お手伝いの直後にお手伝いナシに挑戦すると，体が感覚を覚えているので成功しやすくなります。

お手伝い・補助を取り入れた単元計画

単元計画表（１回の扱いは20分程度）

1〜3回	4〜7回
○お手伝い逆上がり	○お手伝い空中逆上がり
※低学年から取り組んでおくことが理想的	①２人お手伝い空中逆上がり
※空中逆上がりの単元とは別に前の単元，鉄棒運動のウォーミングアップとして継続的に取り組むと効果的	②１人お手伝い空中逆上がり
	③補助具を使った空中逆上がり
	④空中逆上がり
○スピード逆上がり競争	※自分で選んで取り組んでいく
・決められた時間内に，何回逆上がりができるかを競う（お手伝いでも OK）	※①〜④の順にスモールステップで進めていくことが基本。子どもたちがスモールステップを行き来させながら，課題を解決していく方法で進めることもできる
○後ろに，ポンッ！	
ゴム紐に着地→遠くにジャンプ	

鉄棒

目標

○お手伝いをしてもらいながら，空中逆上がりができる。

○お手伝い空中逆上がりのポイントを理解し，おへそを鉄棒から離さないこと，頭を後ろに倒し，足を鉄棒に引っかけることを意識して，練習することができる。

○安全なお手伝いの方法を理解して，仲間のためにお手伝いができる。

授業の流れ

　お手伝い逆上がりやスピード逆上がり競争に取り組んで，空中逆上がりに必要な逆さ感覚，回転感覚などを高めます。お手伝い逆上がりは１年生から取り組むことのできる教材ですので，なるべく早くから取り組んでおくことをお勧めします。もちろん，空中逆上がりの単元の前段階として取り組むことも効果があります。１人で逆上がりができるか，

できないかよりも，お手伝いをしてもらいながら，逆上がりの成功体験を繰り返すことが大切です。

　「後ろに，ポンッ！」では，腕支持で自分の体を支えながら，足を前後に振る感覚を高めます。競争させることで夢中になって楽しんで取り組むことができます。

　空中逆上がりは，全員がお手伝いで回ることを目標にしましょう。難しい技のように思えますが，段階を踏んで，指導し，経験値を増やしておけば，十分に全員で取り組むことができます。一人ひとりに合ったお手伝いをお互いに安全にすることが大切です。

　また，回転途中に膝を曲げたり，最後まで膝を伸ばしたままにしたり，勢いをつけずに回ってみたり技のバリエーションを広げることも可能です。自信がある子は，おなかを鉄棒から離して回転する後方浮き支持回転（ともえ）にも挑戦させてみましょう。

（齋藤　直人）

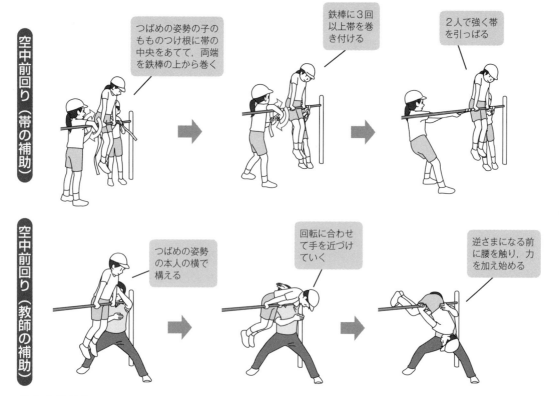

空中前回り（帯の補助）

- つばめの姿勢の子のもものつけ根に帯の中央をあてて，両端を鉄棒の上から巻く
- 鉄棒に3回以上帯を巻き付ける
- 2人で強く帯を引っぱる

空中前回り（教師の補助）

- つばめの姿勢の本人の横で構える
- 回転に合わせて手を近づけていく
- 逆さまになる前に腰を触り，力を加え始める

◯空中前回り

　『小学校学習指導要領（平成29年告示）解説　体育編（以下，解説）』では，「前方支持回転」と表記されている技です。本書では子どもにわかりやすい運動言葉として「空中前回り」と呼びます。

　その『解説』では，「支持の姿勢から腰と膝を曲げ，体を前方に勢いよく倒して腹を掛けて回転し，その勢いを利用して手首を返しながら支持の姿勢に戻ること」と技の解説をしています。この中の「腹を掛けて」を続けることが難しく，下腹部（股関節）と鉄棒が離れてしまって，体を鉄棒の上まで上げられないのが，多くの失敗のパターンです。

　これとは反対に，「だるま回り」「だるま後ろ回り」「後方膝掛け回転」と，これまで本書で紹介している回転技の多くは，回転軸を固定しやすいものです。

　後方膝掛け回転は片方の膝を鉄棒にかけて，これを回転軸とします。膝をしっかり曲げていれば回転軸がずれることは少なく，肩をつかんで

持ち上げるというお手伝いが可能です。

　だるま回りは，下腹部をかけるのは空中前回りと同じです。だるま回りの場合は，前回りも後ろ回りも肘で鉄棒を押さえて，下腹部と肘ではさみ込むように回転軸を固定します。

　こうすることで落下を防ぐのと同時に，前回りは背中，後ろ回りはももの後ろ側やふくらはぎを持ち上げるお手伝いが可能になるの

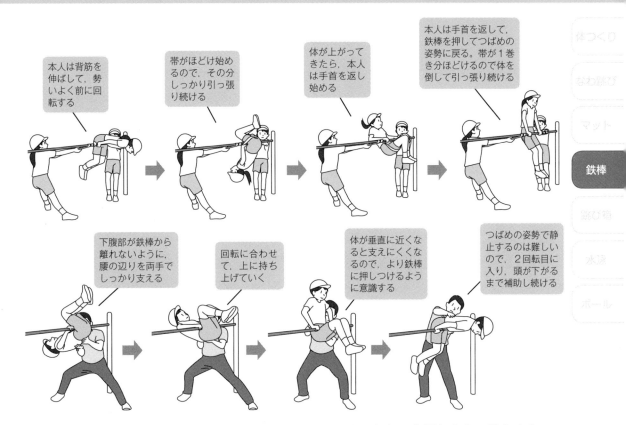

本人は背筋を伸ばして，勢いよく前に回転する

帯がほどけ始めるので，その分しっかり引っ張り続ける

体が上がってきたら，本人は手首を返し始める

本人は手首を返して，鉄棒を押してつばめの姿勢に戻る。帯が1巻き分ほどけるので体を倒して引っ張り続ける

下腹部が鉄棒から離れないように，腰の辺りを両手でしっかり支える

回転に合わせて，上に持ち上げていく

体が垂直に近くなると支えにくくなるので，より鉄棒に押しつけるように意識する

つばめの姿勢で静止するのは難しいので，2回転目に入り，頭が下がるまで補助し続ける

体つくり

なわ跳び

マット

鉄棒

跳び箱

水泳

ボール

です。

膝掛け後ろ回りや，だるま回りと違って，回転軸が固定しにくいことが，空中前回りを難しくしています。この部分を助けることが子ども同士

のお手伝い，教師の補助のポイントとなります。

○柔道着の帯を使ったお手伝い

回転軸が固定されない状態の体を子ども同士で支えるのは難しいので，用具を使ったお手伝いになります。空中前回りや空中逆上がり（後方支持回転）用の市販の用具もあるようですが，今回は柔道の帯を利用します。長

めのタオルなどでも同じように使えます。

空中前回りに挑戦する本人は，鉄棒上でつばめの姿勢になります。お手伝いをする仲間は，腿のつけ根に帯の中央部を当てて，その両端を鉄棒に巻き付けます。

このとき巻き付ける方向に注意が必要です。本人とお手伝いの子がいる側から向こう側に，鉄棒の上から下に3回ほど巻き付けます。巻き付ける方向を反対にすると，前回りをしたときに帯がさらに鉄棒に巻き付いて，体を締め付けてしまいます。また，巻き数が1回だと1回転で帯がほどけてしまい，お手伝いになりません。1回転した後も帯が鉄棒に十分巻き付いていて体を支える状態にするには，3巻き以上が適当です。

鉄棒に帯を巻き付けたら，帯を力一杯引っ張り続けます。回転に伴って帯が1巻き分ほ

どけるので，その分は体を倒して引っ張り続けます。

　もものつけ根の帯が体を支えて，下腹部と鉄棒が離れにくくする効果があります。ただし，回転の勢いが足りなかったり，自分で鉄棒を下腹部に引きつけている力が足りなかったりすると，回転の途中で，鉄棒と帯の間に体が滑り落ちて，膝が帯に引っかかるような姿勢になってしまいます。

○教師の補助

　直接体に触れての補助は，速い回転に合わせる必要があるので，子ども同士ではやや難しくなります。

　回転に合わせて，体が鉄棒の下にきたときに落ちてしまわないように，腰の辺りを支えて鉄棒に押しつけます。補助をしても，1回転したときに手首の返しが不十分だったり，肘が伸ばせていなかったりすると，あと少しのところで鉄棒から下りてしまうことがあります。これを防ぐためには，腰を支えて下腹部を鉄棒に押しつけ続けて，2回転目に入って頭が下に下がるくらいまで補助を続けるようにします。

　この補助をしてあと少しのところで成功しなかった場合，体を鉄棒に押しつけているので，おなかや肋骨を鉄棒にこすりつけてしまうことがあります。不可抗力なのですが，子どもに痛い思いをさせてしまうので注意が必要です。1人で空中前回りに挑戦させてみて，あと少しでできそうだと教師が判断した子どもの感覚づくりに，この補助をしてやるとよいでしょう。

 お手伝い前にこれだけはやっておこう！

○連続前回り

　頭を勢いよく前に落とし込む回転ができないと空中前回りはできません。10秒間に何回回れるかを課題とする「10秒前回り」や，1人3回程度でグループ対抗のリレーを楽しむ「前回りリレー」などで，素早い前回りができるようにしておきます。

○どこまで前回り

　前回り下りで，できるだけ手前に着地することを課題にする教材です。足で鉄棒の真下にラインを引き，その上に乗れたら○，ラインより手前に着地できたら◎というような自己評価をさせます。この教材で，前回りで下腹部を鉄棒に着けている時間をできるだけ長くし，着地位置を手前にできるようにしていきます。

　手前に着地できれば，あとは手首の返しができて，掌底部で鉄棒を押せるようになれば空中前回りの成功に近づきます。

○だるま回り

　本書p62〜65に掲載している教材です。右ページの単元計画等はこの教材を経験していることを前提としています。

お手伝い・補助を取り入れた単元計画

単元計画表（1回の扱いは15分～20分程度）

1回	2・3回	4～6回
○だるま回り ・だるま回りに取り組み，前回りの感覚を思い出す。	○10秒前回り，前回りリレー，どこまで前回り　など ・前回りの感覚づくりを進める。	
	○片手だるま回りに挑戦 ・片手で鉄棒を握り反対の手で腿をつかむだるま回りに挑戦し，手首の返しの感覚づくりを進める。	○いろいろ前回り ・だるま回り，片手だるま回り，帯のお手伝いの空中前回り，教師の補助の空中前回り，1人で空中前回りから自分の課題を決めて挑戦する。

目標

○自分に合った前回りができる。
○仲間のお手伝いができる。

授業の流れ

○だるま回り

　1回目は全員でだるま回りに取り組んで，前回りの感覚を思い出しておきます。

　まだ，だるま回りができていない子，できたはずなのにできなくなっている子は，仲間のお手伝いで回ります。お手伝いで連続回転する際は，回数を決めておき，鉄棒からの落下を防ぎます。

○片手だるま回りに挑戦

　だるま回りが安定してできている子は，片手で鉄棒を握るだるま回りに挑戦します。鉄棒を押さえ込むのが片方の肘だけなので，より回転の勢いを増して，握った手で鉄棒を下腹部にしっかり引きつけ続けます。

　できた子は連続回転に挑戦したり，鉄棒を

握る手をかえた片手だるま回りに挑戦したりします。手をかえて，両方で片手だるま回りが回れる子は，空中前回りができる可能性が高くなります。

○いろいろ前回り

　空中前回りはクラス全員の共通課題にするにはやや難しいので，ここまでに経験してきた，地面に下りない前回り系の運動から課題を決めて取り組む活動を3回程度設定します。

　帯のお手伝いの方法を理解させるのと同時に，先生の補助は失敗するとおなかや肋骨が少し痛いかもしれないということを伝えて，それぞれの課題に取り組ませます。

（平川　　譲）

こうもり振り

運動をする子は鉄棒に膝をかけて逆さまの姿勢になり力をぬいてぶら下がる

腰が曲がらないようにする

お手伝いは上腕をつかみ背中の方向に腕を振るタイミングで振動の補助をする

逆さまになるのが不安な子には，落下しないように足を支えてあげる

互いにタイミングを合わせて3〜5回程度体を振動させる

手タッチこうもり

背中の方向に振動したときにお手伝いの子にタッチする

手を出す高さは，しゃがんだ―膝・胸 立った―腰・胸

3回タッチできれば合格

タッチしやすいように手を大きく開いておく

顔を上げることと背中の方向で手を伸ばすことを声で教えてあげる

○体を大きく振動させる

　はじめは，こうもりの姿勢から体を前後に振動させることに挑戦させます。腕を上下に振ることによって体を振動させます。しかし，逆さまになることで精一杯で体を振動させられない子もいます。

　そこで運動する子の横に立って上腕をつかみ，体を振動させるお手伝いを行います。

　大きく振りすぎたり，腰が曲がってしまうと足が鉄棒から離れやすくなるため，足を支えてあげるようにしましょう。上腕をつかむお手伝いに合わせて声をかけて姿勢を意識させるようにしましょう。

　長い間ぶら下がっていると膝の裏に痛みを感じてしまうため，振動させる回数は3〜5回程度にしましょう。

○振動の幅を確認する

　体を振動させられるようになったらより大きなスイングにつなげます。頭が鉄棒の高さに上がる位まで体を振動させましょう。

　振動の大きさの目安となるように，お手伝いの子の手にタッチをしましょう。手の位置の高さを変えることによって自分の体の振動の大きさを把握することができます。両手で3回程度タッチできれば合格です。

　はじめは，しゃがんだ姿勢で膝の上に手を置きます。次に胸の前で手を開きましょう。

　そして，立った姿勢で腰の高さに手を用意します。続いて胸の高さに手を置きましょう。

　タッチをしようとすることで背中の方向で手を伸ばすことと，手を見るためにあごを上げた姿勢を意識させることができます。互いに観察させましょう。

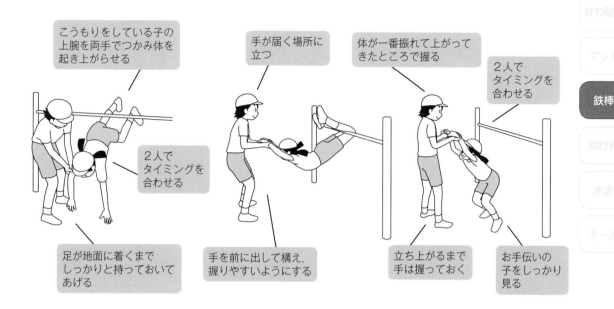

こうもりをしている子の
上腕を両手でつかみ体を
起き上がらせる

手が届く場所に
立つ

体が一番振れて上がって
きたところで握る

2人で
タイミングを
合わせる

2人で
タイミングを
合わせる

足が地面に着くまで
しっかりと持っておいて
あげる

手を前に出して構え，
握りやすいようにする

立ち上がるまで
手は握っておく

お手伝いの
子をしっかり
見る

体つくり

なわ跳び

マット

鉄棒

跳び箱

水泳

ボール

○上腕を抱えて下ろす

体が大きく振れるようになったらいよいよ鉄棒から下りる運動に挑戦します。

はじめは，足を鉄棒から離すことに恐怖心を抱くため，頭が鉄棒より高く上がっても足を離すことができず，下りることができない子がいます。

そこで，こうもり振りのときのお手伝いのようにこうもりをしている子の上腕をつかんでお手伝いをします。

2人でタイミングを合わせて（3回振ったら下ろすよ，など）おきます。頭が鉄棒よりも高くなるように腕を抱え上げます。そうすると自然と足が鉄棒から離れて下りることができます。足が地面に着くまで腕をしっかりと持って体を支えていましょう。

○手をつないで下ろす

1人で下りようとすると焦ってしまい頭が鉄棒の下付近にあるときに足を離し，地面に手が着いてしまい，足だけで着地することができません。タイミングが早くなってしまいます。

そこで，頭が鉄棒の高さ程度まで上がり，手を前方に伸ばしたタイミングに合わせてお手伝いの子が手を握ることによって，下りるお手伝いをします。

他のお手伝いと同様にはじめに何回目に下りるのかを互いに確認しておきましょう。

このときも，足でしっかりと着地するまでお手伝いの子は手を離さないようにしましょう。

こうもり振り下り（両膝掛け振動下り）は，膝の裏を鉄棒にかけて逆さまの姿勢になります。まずは，逆さの姿勢に抵抗感を抱かせないように次のような運動を経験させておきましょう。

○ふとんほし

前回り下りの途中で回転をやめ，おなか（下腹部）を鉄棒にかけ，頭を鉄棒よりも下にする逆さの姿勢になります。

前回りのときに鉄棒を握っていた手を離して，脱力した状態でぶら下がれるといいでしょう。

一定時間姿勢を保ったり，隣の子とじゃんけんをするなどして逆さの姿勢に慣れさせ，楽しみながら取り組みましょう。

○こうもり

鉄棒に両膝の裏をかけて逆さまの姿勢でぶら下がりこうもりの姿勢になります。

はじめは，鉄棒を握ったままの姿勢でも構いません。次に片手ずつ鉄棒から手を離して，地面に手を着いたこうもりの姿勢になりましょう。逆さの姿勢になれたら地面から手を離します。上半身の力を抜いて10秒程度姿勢を維持できるようにします。

慣れないと背中を丸めた姿勢になるのであごを上げて地面を見るようにさせます。地面に着いた手と手の間を見たり，自分の名前を書くなどしてみましょう。

○こうもり振り

腕を前後に振ることによって体を振動させます。振動しているときに背中を丸めないように気をつけましょう。背中を丸めすぎてしまうと足が鉄棒から離れて落下の心配があります。脱力した状態で10回程度振動させられるようにしましょう。

こうもり振り下りを成功させるためには，以下の点に気をつけさせながら指導を行いましょう。

○背中を伸ばした姿勢で体を振動させます。また，体が背中の方向に振れたときにあごを上げて前方を見ます。　（姿勢の固定）

○こうもりの姿勢から地面に手を着き，背中の方向に手を交互に動かします。ある程度いくと鉄棒から足が離れます。離れた足を地面に着いている手の近くに着地させましょう。　（着地の姿勢）

○両腕を上下に振ることによって体を前後に振動させます。頭が鉄棒の高さまで上がるくらい振動させます。　（体の振動）

○体が振動するタイミングに合わせて鉄棒から足を離します。地面に手を着いて下りる練習をしましょう。　（タイミング）

落下の恐れがあるので，お手伝いありとお手伝いなしを交互に取り入れながら，少しずつ技を成功させるための技能の習熟をはかりましょう。

お手伝い・補助を取り入れた単元計画

単元計画表（1回の扱いは20分程度）

1～3回	4～6回	7～8回
○こうもり 　こうもりの姿勢になる方法や逆さの感覚を確認する	○こうもり振り 　両腕を使って振動させる 　5回程度振動させる 　　　　　（p82解説参照）	○お手伝いこうもり振り下り 　　　　　（p83解説参照） ○こうもり振り下り 　　　　　（お手伝いなし）
○10秒こうもり 　10秒間こうもりの姿勢 　地面に自分の名前を書く	○手タッチこうもり 　お手伝いの子の手にタッチ 　（3回タッチできれば合格） 　しゃがむ―膝・胸 　立つ―腰・胸 　　　　　（p82解説参照）	（発展として） ○1回振りこうもり振り下り 　体を振動させる回数を減らす
○こうもりじゃんけん 　隣りの子とじゃんけんする		

目標

○こうもりの姿勢から両腕を振って体を大きく振動させることができる。
○背中の方向に大きく振動したタイミングに合わせて鉄棒から足を離して下りることができる。
○こうもり振り下りの運動の方法がわかる。
○こうもり振り下りのお手伝いの方法がわかり，お手伝いすることができる。

授業の流れ

　授業は20分×10回の組み合わせ単元で計画します。他の器械運動と同じように，短い時間でも長期間くり返し何度も取り組むことによって技能を習得し，定着させることがねらいです。

　こうもり振り下りに取り組むにあたっては，次の点に気をつけさせて取り組みます。

○上半身の力を抜いて両腕を振って体を大きく振動させる。

　振動させるときにはあごを上げて体を反らせる姿勢を意識させます。

○頭が鉄棒の位置くらいまで上がってきたタイミングで鉄棒から足を離して地面に下りる。

　体を大きく振動させることができるようになったら，いよいよ鉄棒から下りる動作にチャレンジします。しかし，下りるタイミングが早すぎる（頭が鉄棒の下を通過したくらい）と，うまく地面に着地をすることができません。

　お手伝いで足を離すタイミングを理解するとともに，子ども同士がモデルとなって動きの確認をすると理解しやすくなります。

（眞榮里耕太）

体つくり / なわ跳び / マット / 鉄棒 / 跳び箱 / 水泳 / ボール

Chapter2　クラスみんなで上達する！「お手伝い・補助」でつくる授業プラン　**85**

グライダー（友だちの補助）　グライダー（ポートボール台を使う）　グライダー（教師の補助

グライダーをする
子の後ろに立って
腰を持ち上げる

素早く足を鉄棒に
かける

肘を伸ばして足を
鉄棒にかける

太ももの上に
おしりを乗せ
てしまう

声をかけて
タイミング
を合わせる

2人でお手伝いする場合
には足を持ち上げて鉄棒
にかけてあげる

前に押し出すように
してあげる

○子ども同士でお手伝い

　グライダーは，鉄棒を両手で握り，両足の裏を鉄棒にかけて体を支持します。できるだけ長い時間足の裏を鉄棒につけられるようにする必要があります。

　この姿勢になるためにお手伝いをします。うまくできない場合には，踏み切ったタイミングで足を上げられなかったり，かけられないことがあります。そこで，1人が腰付近を両手で持ち上げます。動きが静止した状態であれば鉄棒に足をつけやすくなります。

　足が上がらずに鉄棒にかけるお手伝いが必要な場合には，地面につけている足を持ち上げてあげましょう。

　運動をする子とお手伝いをする子で声をかけてタイミングを合わせるようにしましょう。

○ポートボール台を使って

　お手伝いが難しい場合には，ポートボール台を使って高い位置からはじめます。鉄棒に両足がかけやすくなります。前方に飛び出すときには，台にぶつからないように置く位置には十分気をつけましょう。

○教師による補助

　子ども同士でのお手伝いが難しい場合（体が大きすぎる）は，教師が補助をしましょう。

　子ども同士と同様に行います。グライダーをする子を後ろから支えます。手で持ち上げるのが難しければ，膝を曲げて太ももの上におしりを乗せるようにさせましょう。

　足の裏を鉄棒につけさせて，前方に押し出してやりましょう。

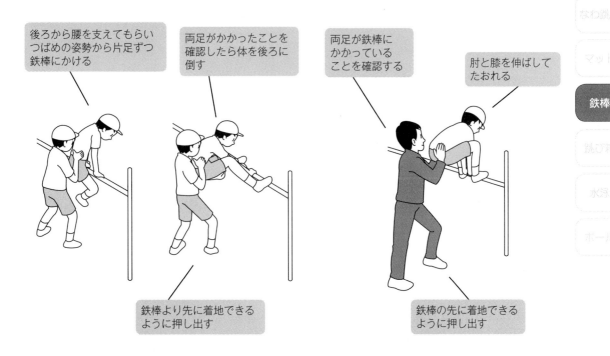

グライダー（つばめの姿勢から）

後ろから腰を支えてもらいつばめの姿勢から片足ずつ鉄棒にかける

両足がかかったことを確認したら体を後ろに倒す

鉄棒より先に着地できるように押し出す

グライダー（鉄棒の上にのって・教師の補助）

両足が鉄棒にかかっていることを確認する

肘と膝を伸ばしてたおれる

鉄棒の先に着地できるように押し出す

はつくり

なわ跳び

マット

鉄棒

跳び箱

水泳

ボール

○つばめの姿勢で腰を支え送り出す

はじめは，つばめの姿勢から片足を鉄棒にかけた姿勢になります。肘，膝を伸ばしてもう一方の足を鉄棒にかけて後方に倒れ込みます。

後方に倒れることに恐怖心があると足をかけられなかったり，前方に飛び出せないことがあります。恐怖心を軽減するためにもお手伝いが必要です。

つばめの姿勢のときに腰を支えて両足が鉄棒に着くようにしましょう。両足が鉄棒に着いたら腰を前方に押し出すようにして飛ぶ力のお手伝いをします。

鉄棒よりも奥に足が着くように送り出しましょう。

○鉄棒の上にのった姿勢から

鉄棒の上に立ち，はじめから鉄棒に足をかけている状態から始めます。

つばめの姿勢からはじめるときと同じように恐怖心がでてしまうので，お手伝いをしましょう。

鉄棒の上に上がっていると腰が高い位置にあるので，子ども同士ではお手伝いがしにくいため，教師が補助をするようにしましょう。おしりで大きな円を描くように支えましょう。

つばめの姿勢のときと同じように腰を支えながら前方に押し出すようにすると成功します。できるだけ，肘，膝が伸びる姿勢を保てるように補助します。

お手伝い前にこれだけはやっておこう！

○ロケットジャンプ（前・後ろ）

　鉄棒の上に上がって立ち，そこからジャンプして地面に下りる運動です。

　前方へジャンプするときは，安全な着地を意識させましょう。グライダーでも大きく前方に飛ぶことがあります。その際にも，安全面から転倒せずに両足でしっかりと着地をさせる必要があります。

　後方へのジャンプは，グライダーのはじめの後方に倒れ込む動作への恐怖心を軽減，払拭することがねらいです。

○足裏ブランコ

　両手で鉄棒を握り，両足を鉄棒につけた姿勢でぶら下がります。ぶら下がったら仲間に背中を押してもらって体を振動させます。

　鉄棒に両足を長くかけておく感覚を身につけることができます。

○片足グライダー

　片足を地面につけ，もう一方の足の裏を鉄棒にかけた姿勢から，前方に飛び出します。

　鉄棒から１ｍ程度のところにゴム紐を張っておくと，飛んだ距離の目安になります。

　地面につけている足をできるだけ後ろに引くことによって，体の振りが大きくなるので遠くに飛ぶことにつながります。この動きを繰り返すことで足の裏を鉄棒にしっかりとくっつける姿勢を身につける練習になります。

　左右のどちらの足を鉄棒にかけても遠くに飛べるようにしておくといいでしょう。

 お手伝いナシへの STEP

　ライダーを成功させるためには以下の点に気をつけさせましょう。

○飛び出す前に両足の裏を鉄棒に長い間つけていられる。

○肘・膝を伸ばしておしりで大きな円を描くようにする。

○おしりが鉄棒の下を通過して少し上に上がってきたタイミングで足と手を離して前方へ飛びだす。

　最初は，地面に足を着けたところから鉄棒に足をかけてグライダーを始めます。鉄棒よりも奥で着地すること（50cm程度）を目標にします。

　その後，つばめの姿勢から鉄棒に足をかけて，そこからグライダーで前方へ飛び出します（高鉄棒の場合には上に上がります）。

　慣れないうちは，足や手が鉄棒から離れるタイミングが早くなってしまうため，鉄棒の下，もしくは手前に着地してしまいます。お手伝いをしてもらって足を長く着けていられるようにしましょう。子ども同士でのお手伝いが難しい場合には教師が支えます。前方に飛び出す成功体験を積み重ねていきましょう。

　鉄棒よりも前に着地ができるようになったら徐々に飛距離を伸ばせるようにします。慣れてきたら鉄棒に足を着けている時間の違いで遠くに飛ぶ，ふわっと飛ぶという経験をさせましょう。

お手伝い・補助を取り入れた単元計画

単元計画表（1回の扱いは20分程度）

1回	2〜4回	5〜8回
○ロケットジャンプ 　前方への飛び出し，後方へのジャンプに取り組む ○足裏ブランコ ○片足グライダー 　左右どちらでも前に飛び出せるように	○地面からのグライダー 　　　　（p86解説参照） ○台の上に乗ったグライダー 　　　　（p86解説参照）	○鉄棒の上からのグライダー 　（腰を支えるお手伝い） 　（教師のお手伝い） 　　　　（p87解説参照） ○バリエーションを増やす 　・遠くに飛ぶ 　・ふわっと飛ぶ 　・着地で体をひねる

目標

○両手両足で体を支え，回転する勢いを使って前方に飛び出すことができる。
（飛距離については鉄棒より少しでも前に出ることを全員の課題としたい）
○仲間の運動を観察，お手伝いをすることで安全に取り組むことができる。
○進んで取り組むことができる。

授業の流れ

　授業は20分×8回の組み合わせ単元で計画します。他の器械運動と同じように短い時間でも長期間くり返し取り組むことによって技能を習得し，定着させることがねらいです。

　グライダーはダイナミックな動きなので他の鉄棒運動の技に比べて男子が熱心に取り組みます。飛んだ距離の目安をわかりやすくするためにラインや平ゴムを用意しておくとよいでしょう。

　1回目は，グライダーに取り組む前の慣れの運動に取り組みます。足をかけた姿勢になれたり，飛び出す感覚をつかみましょう。

　2〜4回目は，地面の上から足をかけたり，ポートボール台などの上から足をかけて飛び出す感覚を身につけます。

　足の裏をつけておくことや離すタイミングを学習します。仲間のお手伝いを受けて目印のラインを越えられるようにしましょう。

　5〜8回目はつばめの姿勢から始めます（高鉄棒の場合は上に上がってしまいます）。遠くに飛べるようになってきたら飛距離を出すときとふわっと飛ぶときの手・足を離すタイミングの違いを意識させていきましょう。おしりで大きな円を描くイメージで後方に倒れるようにしましょう。

　発展として体の向きを変えて着地をしたり，鉄棒を握っている手よりも内側に足をかけたりしてバリエーションを増やしていきましょう。

（眞榮里耕太）

台上前転（教師の補助）

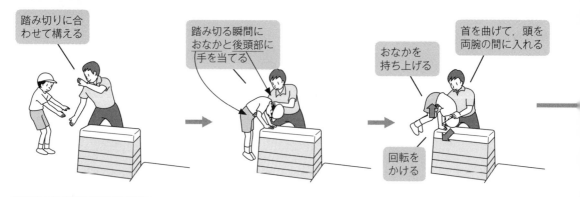

踏み切りに合わせて構える

踏み切る瞬間におなかと後頭部に手を当てる

おなかを持ち上げる

首を曲げて，頭を両腕の間に入れる

回転をかける

開脚とび（教師の補助）

踏み切りに合わせて構える

おしり～もものつけ根に手を当てる

上腕をつかむ

➡の方向に体を運ぶ

○教師の補助のポイント

　本書では，子ども同士の補助活動を「お手伝い」という言葉で表しています。ここでは，教師の補助を取り上げます。

　子どもではなく教師が補助をするのは，子ども同士のお手伝いでは怪我をする可能性が高くなる運動です。それは以下の視点で判断しています。

> ①補助しながらの移動がある
> ②同時に複数の補助すべき点がある
> ③補助者にかかる体重が大きい
> ④子どもが怖がっている運動である

　今回扱う跳び箱運動の開脚とび，抱え込みとびなどが①に当たります。運動する子どもを支えて跳び箱の向こう側まで運ぶという補助は，子どもには難し過ぎるのです。

　②は台上前転などです。台上前転は首を曲げて後頭部を跳び箱につける補助と，体を持ち上げて回転につなげる補助とで，同時に補助する点が２つあります。助走する場合は，これに移動してくる体を捕まえる難しさも加わります。

　③に当てはまるのが鉄棒運動のだんごむしです。鉄棒を握って体をだんごむしの姿勢にさせて，これを支えてやります。子どものしめ（ぶら下がる力）の程度によって支える力を加減します。だんごむしの姿勢になる段階では，ほぼ全体重を支えることになるので，子ども同士では難しいのです。

　④に該当するのが，鉄棒運動の前回り下りやふとんほしです。本人が怖いと感じている

回転を
助ける

後頭部を
跳び箱に
つける

体つくり

なわ跳び

マット

鉄棒

跳び箱

水泳

ボール

ももを払うように押して
跳び箱の向こう側に運ぶ

跳び過ぎないよう
に上腕をつかんだ
手で調整する

転ばないように
上腕は着地まで
離さない

運動は，体がこわばり思わぬ動きをすること
もあるので，教師が補助します。水泳は落下
等の大きな怪我の可能性が低いので，この限
りではありません。教師がクラス全体を視野
に入れることに留意してペア学習，グループ
学習を取り入れています。

○台上前転のポイント

踏み切りから着手するタ
イミングで後頭部とおなか
に手を当てます。後頭部に
当てた手で首を曲げて後頭
部が跳び箱につくように，
おなかに当てた手で体を持
ち上げて前転を補助します。おなかに当てる
手はイラストのように指を揃えておきます。
親指を離すと，本人の体重とタイミングによ

っては突き指をするので注意が必要です。

○開脚とび（抱え込みとび）のポイント

これも踏み切りから着手するタイミングで
上腕をつかんで上体が大きく崩れないように
します。補助により本人の予想とは違う体の
動きになるので，安全に着地できるように上
体を安定させます。同時に反対の手でおしり
からももの辺りを支えて，跳び箱を越すよう
に体を運びます。おしりが跳び箱に当たらな
いように払う感じです。

ただし，着手位置が跳び箱の手前だとこの
補助はできません。着手位置が手前だと補助
によって自分の手の上に乗ってしまい，手首
を痛めます。跳び箱の先の方に着手できるこ
とがこの補助の条件になります。

○前ころがり（前転）

両手の次に後頭部をマットについて真っ直ぐ回れればいいでしょう。着地して，立ち上がるときに手をつかなければ完璧です。ただ，次の高さ前ころがりや，台上前転は着地地点との段差があるため，前ころがりで立ち上がれない子も，まっすぐに回れれば比較的楽に立ち上がることができます。

○高さ前ころがり

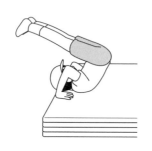

マットを重ねた上で前ころがりをします。踏み切りは床です。柔らかくて広いマットを利用して，高い位置で回転することに課題を絞ります。

マット3〜4枚くらいからは「イッチ・ニイの・サーーン！」のリズムで，小さい予備踏み切り2回の後に強く踏み切ると，腰が上がって前転しやすくなります。5〜6枚くらいからは，両足を揃えたカンガルージャンプを助走代わりにすると，回転時の前方への重心移動がスムーズになります。

○うさぎとび

「両足で踏み切る—着手する—両足で着地する」という順次性が，跳び箱運動の切り返し系の運動と同じになる運動です。

脚を両手の間に入れれば，抱え込みとよく似た運動になります。右のイラストのように，着地する足が着手位置より前に出るようになれば，抱え込みとびはかなり高い確率で跳べるようになります。

○馬とび

開脚とびとほぼ同じ運動です。子ども個々の技能や恐さの加減によって，馬の高さを変えます。1点のうまを低すぎると感じる子もいますが，低学年で初めて馬とびをする場合は，全員1点の馬から始めて，馬をしっかり押して前に出ているかを確認するとよいでしょう。

馬を押せている子は2点の馬に進みます。馬の子は肘を突っ張って，あごを引いて頭を両腕の間に入れるようにします。馬が安定しないと，顔からつんのめっていくことになり，大変危険です。2点以上のうまでは，足を肩幅以上に開き，肘と膝を突っ張って安定させます。

1点の馬

2点の馬

3点の馬

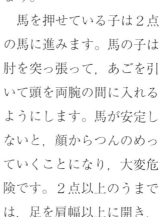

4点の馬

お手伝い・補助を取り入れた単元計画

単元計画表：台上前転（15〜20分×5回）

1回	2〜5回
○1段の台上前転 ・「イチ・ニイの・サーーン」のリズム ・高さ前ころがり（マット）との違い ①マットより短い ②マットより狭い	○1段〜3段での台上前転 ・カンガルージャンプからの台上前転 ・短い助走からの台上前転

単元計画表：開脚とび（15〜20分×5回）※台上前転と開脚とびは別単元として期間を空ける

1回	2・3回	4・5回
○ミニ跳び箱を跳び越す ・30cm〜40cm四方程度のミニ跳び箱を跳んで，用具に慣れる ※15分程度	○小型跳び箱3段〜小学校用跳び箱3段を跳び越す ・小型跳び箱3段で，「両脚で踏み切る」「遠くに手をつく」「余裕をもって着地する」を観点に評価し合う ・合格した子は小学校用跳び箱3段に取り組む	○小型跳び箱3段〜小学校用跳び箱4段を跳び越す ・前記の3観点で合格した子は5段程度まで挑戦する ・むやみに高さを上げるよりも，できる動きをくり返す

目標（台上前転）

○3段程度の台上前転ができる。

授業の流れ

　1回目に，これまで経験してきた「高さ前ころがり」との違いを確認します。これが「マットより短い→手と頭をつく位置を手前にする」「マットよりせまい→頭の後ろをついてまっすぐ回る」というポイント確認につながります。1段ができたら少しずつ段を上げ，カンガルージャンプの助走にしていきます。

目標（開脚とび）

○4段程度を開脚跳びで跳び越せる。

授業の流れ

　低くて小さい跳び箱で，跳び箱の固さなどに慣れます。次に小型跳び箱を3つの観点に気をつけて跳び越します。子どもの相互評価で合格したら，1段高い跳び箱に挑戦します。

　むやみな挑戦をすると大きな怪我につながる運動なので，中学年なら4段程度，高学年でも6段程度まででくり返し跳び越します。

（平川　譲）

よじのぼり逆立ちブリッジ

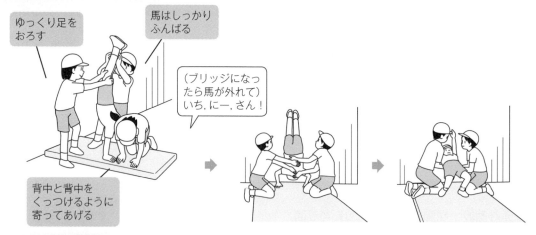

ゆっくり足を
おろす

馬はしっかり
ふんばる

（ブリッジになっ
たら馬が外れて）
いち, にー, さん！

背中と背中を
くっつけるように
寄ってあげる

ゆりかごからブリッジ

手は, 耳の上で
ウサギの耳にして
後ろにパタンと倒す

うしろー, まえー,
うしろー, ブリッジ！

背中を反る

○馬のお手伝いでしっかりブリッジ姿勢

　逆さの姿勢からブリッジになることを経験させます。お手伝いの友だちが馬になるので, しっかりとブリッジの姿勢になることができます。

　ブリッジの姿勢になることができたら, 馬が小さくなるか抜けるかすることで, １人でブリッジの姿勢を３秒間保てるようにします。

　馬のお手伝いで慣れてきたら, ２人のお手伝いが補助をします。２人のお手伝いの子は, 手のひらを上に向けて構えます。そのままブリッジになる直前に肩や肩甲骨のあたりを押すような感じで支えて持ち上げます。

　勢いよくブリッジの姿勢になろうとすると背中が丸まって崩れてしまいがちなので, ゆっくりと足をおろすように助言します。

○背中を両手で支えてブリッジ姿勢

　ゆりかごの要領で後ろに回り, 一度前に戻ってから再び後ろに回ります。

　後ろにいったときは, 後転と同じようにしっかりと両手を着きます。子どもには, 「耳の上で……」と上の吹き出しのように言うとイメージしやすくなります。

　後ろにいったときは, 足を伸ばしてつぶれたような姿勢になります。そこから一気に足を振り出して背中を反らします。きれいなブリッジ姿勢にならなくても, 背中からつぶれないように意識します。

　この補助は, 子ども同士だとタイミングや力の入れ方が難しいので教師が行います。「ブリッジ！」のタイミングで背中を両手で支えて持ち上げてあげます。

頭つき逆立ちからのブリッジ

手を離さない
ように気をつける

2人で肩と背中を
持ち上げる

いーち，にー，
さーん！

体つくり

なわ跳び

マット

鉄棒

跳び箱

水泳

ボール

はねとび（教師補助）

腕を伸ばして！

上を見たまま

バンザイ！

○両側から肩と背中を支えてブリッジ姿勢

マットの上で頭着き逆立ちをして，そのまま倒れてブリッジ姿勢を3秒間程度保つ運動です。

最初は，両側についたお手伝いの2人が両手のひらを上に向けて，肩と背中を支えます。ブリッジ姿勢になれたら1人でその姿勢を保ちます。2人のお手伝いでできたら，1人のお手伝いで同じように行います。それもできたらお手伝いなしで行います。

はねとびは，早く回って着地しようと頭を入れて（あごを引いて）しまって背中が丸まる「つまずき」が大変に多い運動です。ここまでに挙げてきたいくつかのブリッジを行うことで，しっかりと反ることを身につけさせます。

○教師がタイミングよく肩と背中を支える

ブリッジで止まっていた動きからはねとびの動きに変えるには，「早く着地してみよう」とか「かっこよく跳んでみよう」といった言葉をかけて挑戦させます。

はねとびは，跳び箱を横に置いて行います。小さなマットがあれば，それを重ねて跳び箱の代わりにします。

はねとびの補助は，タイミングの難しさや負荷の大きさから教師が行います。

助走，踏み切りの後，手と頭を着ける瞬間に肩と背中を支えます。

足が振り出されたらしっかりと持ち上げます。このときに，腕を伸ばすことやあごを上げて上を見たまま着地することを意識させます。

はねとびは，ある程度基礎感覚が養われている子が行うことでできるようになる運動です。従って，低・中学年で基礎感覚づくりやいくつかの技の習得を経験した高学年で取り組ませたい運動です。

高学年で「はねとび」の単元を行う場合も，ここに示す運動を年間を通して計画的に経験させておくことでできるようになる子が増えます。

○ブリッジくぐり

手の着き方を確認して，できるだけ大きなブリッジをつくらせます。その中を他の子がくぐります。大きなブリッジほどくぐりやすくなります。

じゃんけんゲームの中では「勝った子はブリッジ，負けた子はそれを3回くぐるよ」とします。

折り返しの運動の中では「ブリッジをつくって並んで，自分の番になったらそれをくぐるよ」とします。

ゲームを行う中では，ブリッジがいい加減になってしまう子もいるので，声をかけて回ります。

○アンテナ「ピン！」

アンテナとは，背支持倒立のことです。腰を両手で支え，両足を揃えてつま先を上に伸ばします。

アンテナを「ポキリ」と折って，「ピン！」と伸ばすことを数回くり返します。背支持倒立の姿勢から腰を曲げ，靴が頭の上にくるようにします。膝を伸ばしたままで「ピン！」に戻すことができなければ，膝が曲がっていても構いません。

○スピードかべ逆立ち

かべ逆立ちを10秒間で何回できるかに挑戦します。両足が壁に着いたら1回と数えます。回転のスピードを高めることができます。

頭をマットに着けて行うと，より「はねとび」の動きに近い形でできます。

お手伝い・補助を取り入れた単元計画

単元計画表（1回の扱いは20分程度）

1～3回	4～8回	9回（45分）
○準備運動 ・ブリッジくぐり，アンテナ「ピン！」，スピードかべ逆立ち，から任意で選択		○はねとび発表会 ・1人2～3回程度発表する機会をつくる ・いくつかの小グループの中で発表会をする，もしくは，クラス全員の前で一人ひとり発表をする会など，発表形式を工夫する
○いろいろなブリッジに挑戦する ・よじ登り逆立ちから ・ゆりかごから ・頭つき逆立ちから	○はねとびを行う ・着地したときに，背中やおしりなどがつかなければ成功 ・補助であごを上げながら腕を伸ばす感覚を身につけさせる ・背中が丸まってしまう子がいたら，頭つき逆立ちからブリッジに戻る	

目標

○はねとびの動き方を知り，自分なりに大きくはね動作をおこなうことができる。
○はねるためのポイントを考えて友だちに伝えたり，友だちにアドバイスしたりする。
○ブリッジやはねとびに進んで取り組み，約束を守って安全に気を配る。

授業の流れ

単元に入る前に先述したブリッジ，アンテナ，かべ逆立ちといった基本的な動きができるようになっているように，1年間を見通してしっかり計画を立てておきます。

単元に入ったら，準備運動として授業の最初にそういった基礎感覚づくりの運動を行います。子どもの実態が合えば，準備運動で，上の単元計画表に示したようなはねとびに直接つながる運動を行います。

1～3回目は，1つずつ「○○からのブリッジ」を経験させていきます。友だちのお手伝いでできたらお手伝いの人数を減らしたり，自分1人で挑戦してみたりします。

4～8回目は，ゆっくりとしたブリッジから早くすることではね動作に近づけていきます。子どもは，逆さ姿勢から跳び箱の向こう側で立てることを「できた」と思います。体がはね動作をしているかどうかといった細かいことは言わないようにします。

「かっこよく立つ」ためにスピードをつけたりはね動作をしたりすることを目指します。そのための補助は教師がします。

スピードがつくと，背中が丸まってしまう子が出ます。頭つき逆立ちからのブリッジに戻ることで反る動きを確認します。

9回目は発表会です。複数回の発表機会をつくることで，確実に行うことの他に挑戦的にも行えるようにします。　　　（清水　由）

水中花

10秒できたら
合格

立った後も
「合格」と言われるまで
手を離さない

手をつないでボビング

水の中で「ンー」
と言う

大きな
声で
「パッ！」
と言う

○手をつないで浮き遊び

　水慣れで浮き遊びをするときは，１人で行う場合と小集団をつくって手をつないで行う場合があります。浮き方は，だるま浮き，大の字浮き，くらげ浮き，ロケット（伏し）浮きなどが考えられます。

　友だちと手をつなぐことは，水にもぐったり浮いたりすることにまだ抵抗感のある子でも頑張れるというメリットがあります。

　また，浮き遊びは，みんなで手をつないで数秒間浮いた後，すぐに手を離してはいけないきまりにします。教師の合格の合図で手を離していいことにします。

○水中で「ん～」顔を上げて「パッ！」

　ボビングは，水中で「ンー」と半分くら息を吐き，水から顔を上げた瞬間に再び「パッ！」と強く残りの息を吐きます。慣れてきたら３回，５回，10回と連続回数を増やして挑戦させます。ただ，「ンー，パッ！」とボビングを行っているように見えても「パッ！」のときに声を出しているだけで息を吸わずに再びもぐってしまう子も少なくありません。そのような子には「パッ！」の後にしっかりと吸うことを教えます。連続でボビングを行うことで，そのような子は途中でできなくなります。個別に「パハッ！」と強く吐いた後すぐに吸うことを教えます。水中で息を吐けているか，「パッ！」と吐いた後すぐに吸えているかを見合わせてもいいでしょう。

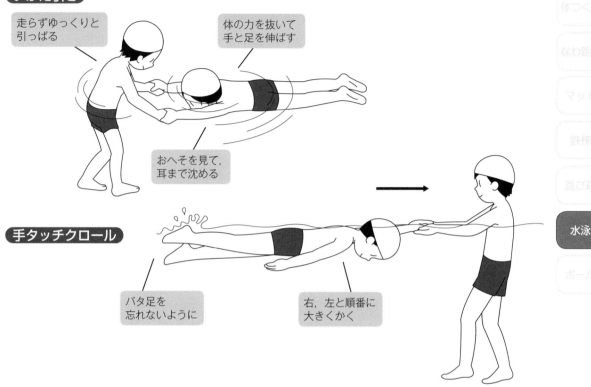

体つくり

なわ跳び

マット

鉄棒

跳び箱

水泳

ボール

いかだ引き

走らずゆっくりと引っぱる

体の力を抜いて手と足を伸ばす

おへそを見て，耳まで沈める

手タッチクロール

バタ足を忘れないように

右，左と順番に大きくかく

○頭を触って耳まで沈める

いかだ引きは，伏し浮き姿勢で浮いている子をゆっくりと引っぱります。イラストのように両手を持って後ろ向きに歩きます。前を向いて早く歩こうとする子もいますが，早く引っぱる必要はありません。早くなったり遅くなったりせず，同じペースを心がけます。

伏し浮き姿勢でいかだ引きをすると，前を見てしまって頭が上がってくる子がいます。お手伝いの子は，頭を触って教えてあげましょう。頭を触られた子は，おへそを見るようにしてあごを引いて姿勢をつくり直します。

苦しくなったらその場で立って息を整えてから再び行います。慣れてきたら伏し浮き姿勢のまま顔を上げて息継ぎをして再び伏し浮き姿勢に戻って続けてもいいです。

○友だちの支えで安心して練習

手タッチクロールは，友だちの手で支えてもらうことで安心して手の動きの練習ができます。

お手伝いの子は，いかだ引きと同じ要領で後ろに下がりながら手を支えます。最初，まだ怖がっている子はお手伝いの子の手を握ってしまいますが「右手をかく，左手をかく，右手を……」というようにゆっくりでもいいのでクロールの形をしっかりと行わせます。慣れてきたら，お手伝いの子の手のひらに乗っけるだけで行えるように挑戦します。さらに慣れたら，息継ぎにも挑戦します。

また，手をかくことに一生懸命でバタ足を忘れてしまうことがあります。お手伝いの子がしっかりと見て声をかけてあげます。

お手伝い前にこれだけはやっておこう！

水泳領域の学習は，水の中で子どもが「こうなりたい（こう動きたい）」とイメージする動きができるようになることを目指します。そのためには，①もぐる・浮く，②水面上での呼吸，③水中・水面での脱力した身体コントロールといった技能を身につける必要があります。

水に慣れていない子どもたちにとって，水温と気温の温度差や水圧，水が体にまとわりつく粘性，浮く，といった水それ自体が持つ性質が怖いと感じさせてしまいます。逆に，水に慣れてしまった子どもたちにとっては，そういった性質を味わうことが楽しいのです。授業では，水に入ったときに感じる非日常の感覚を楽しむ中で「思うように動く体」づくりを意図していきます。

水を怖がる子どもたちにとって，教師の補助や友だちのお手伝いは，大きな支えとなります。1人では不安であっても，先生や友だちと一緒あるいは先生や友だちの体に触れているだけでも挑戦する意欲を持つことができます。授業では，可能な限り友だちと関わらせながら運動する場面を設定するように心がけましょう。

逆に，子ども同士でお手伝いをさせるときに気をつけたいのが，ふざけてしまうことです。友だちを信頼しているからこそ不安があっても挑戦するのであり，信頼を無くしたらお手伝いはもちろん，教師の補助であっても挑戦しなくなってしまいます。水が怖い子は，沈んで呼吸ができなくなるという，命に関わ

る不安を持っているので，決してふざけることのないように指導する必要があります。

浮き遊びやボビングは，浮く感覚や呼吸の技能を身につけます。これらは，水泳運動における基礎感覚とも言えます。もぐったり浮いたりして遊ぶ中で，腕，足，体を自由に動かすことができるようになっていきます。ある程度，体をコントロールできるようになれば，泳法を身につけるために意識して体を動かせるようになります。また，ボビングは，水の中で呼吸ができないことに対する不安感をなくし，水の中を長い時間楽しむことができるようになります。泳法を身につけてからも長く泳ぐためには呼吸が必要な技能となります。

いかだ引きや手タッチクロールは，浮いて進む感覚を身につけます。感覚が養われていない子は，浮いて進むときに変に力が入ってしまうことでバランスを崩してしまいます。最初は，お手伝いで浮いて進む感覚を経験させましょう。

○お風呂で顔つけ

家庭に協力してもらい，洗面器に顔をつけたり湯船に入って顔をつけたりする練習をしてもらいましょう。

○顔に直接シャワーをかける

これも数秒から10秒程度でいいので毎日顔にシャワーをかける経験をするように家庭に協力をお願いしましょう。

これらは，しっかり息を吸って止めてから行い，水から顔を離してから息を吐くように練習します。

お手伝い・補助を取り入れた単元計画

単元計画表（45分×10時間）

1〜2回	3〜6回	7〜10回
水泳学習の約束 ・着替えの約束 ・プールでの約束 水慣れ遊び ・じゃんけん ・リング拾い バタ足 ・ビート板バタ足 ・バタ足リレー	水慣れ遊び ・もぐりっこ ・ボビング ・変身浮き バタ足 ・いかだ引き ・ビート板バタ足 クロール ・歩きクロール ・手タッチクロール	水慣れ遊び ・ボビング ・水中花 ・変身浮き バタ足 ・ビート板バタ足 クロール ・手タッチクロール ・ビート板クロール ・1人でクロール

目標

○体の力を抜いて浮いたり，ボビングで大きく息を吸い水中で吐くことができる。

○クロールの泳ぎ方（手の使い方，息継ぎ，バタ足）を理解し，友だちと支え合いながら泳ぐことができる。

授業の流れ

水泳学習の1〜2回目の授業では，約束事をしっかりと確認しておきます。水慣れ遊びは，子どもたちから人気の高い運動を扱い，水泳授業の楽しさを味わわせます。クロールの完成を目指す単元なので，バタ足は必ず取り入れておきたいです。短い時間でもくり返し行い，活動頻度を保証してあげることが重要です。

3〜6回目の授業では，もぐる・浮く遊びの中で体を縮めたり広げたり力を抜いたりといったコントールを意図的に入れます。手をつないで行うことで，安心感や集団的な達成感を味わわせます。バタ足も壁につかまったりビート板を使ったりしていろいろな種類のバタ足を行うことで頻度を保証します。

クロールの最初は歩きながら顔をつけて手の動かし方を練習します。その後，「手タッチクロール」で友だちのお手伝いで浮いて泳ぎます。すでに1人でクロールができる子であっても，支えてもらう経験をさせます。また，プールの横幅を使って短い距離を泳ぐことで頻度を保証します。

7〜10回目の単元後半では，クロールを中心に行います。水慣れやバタ足は短い時間ですませ，クロールに時間を使います。教師は，特に配慮が必要な子への補助や子どもたちへの賞賛を意識します。特に，お手伝いをしっかりしている子への賞賛は，他の子へも影響しますので，積極的に行いましょう。

（清水　由）

跳び箱かえる足

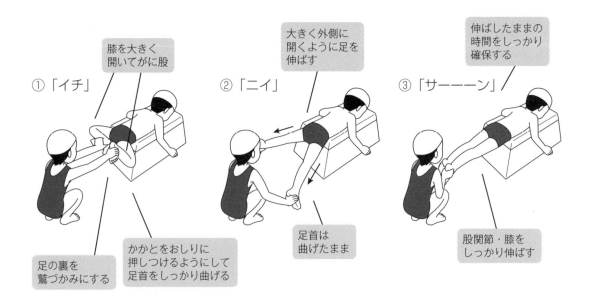

① 「イチ」

膝を大きく
開いてがに股

足の裏を
鷲づかみにする

かかとをおしりに
押しつけるようにして
足首をしっかり曲げる

② 「ニイ」

大きく外側に
開くように足を
伸ばす

足首は
曲げたまま

③ 「サーーーン」

伸ばしたままの
時間をしっかり
確保する

股関節・膝を
しっかり伸ばす

○かえる足から蹴り出す意識を

　かえる足の直接的なお手伝いは，跳び箱の上，プールサイドにつかまって，ビート板を使って，と状況が変わるだけで，その方法は変わりません。

　足の甲で水を蹴る「あおり足」にならないように，足の裏をつかんで，足の裏で水を蹴り出せるようにお手伝いします。

　あおり足にならないようにするためには，上のイラストの①の局面が一番大切です。足の裏をつかんで，足首が十分に曲がるように，おしりの近くまで押しつけるようにお手伝いします。このとき，膝を開いて"がに股"の形になるようにさせます。小学校授業の範囲では，競泳選手のような両膝の間隔をせまくしたウィップキックを意識させた指導はしま

せん。学校外での練習をしている子の中には，既にウィップキックに近い動きになっている子がいますが，全体の指導の中では膝を大きく開いたかえる足を指導していきます。

　②では，足首の屈曲を保ったまま，膝を伸ばしていきます。

　股を開いたまま外側にかかとから蹴り出すように膝を伸ばしていきます。初めの段階では，膝を伸ばしたところで少し間をとる方が足首の屈曲を意識して運動できます。

　③は，股を閉じて十分に股関節，膝を伸ばします。かえる足で水を捉えていれば一番大きな推進力を得た直後になる局面です。抵抗にならないようにしっかり伸ばします。かけ声を「サーーーン」と伸ばして，伸びている時間も確保します。

いろいろなかえる足

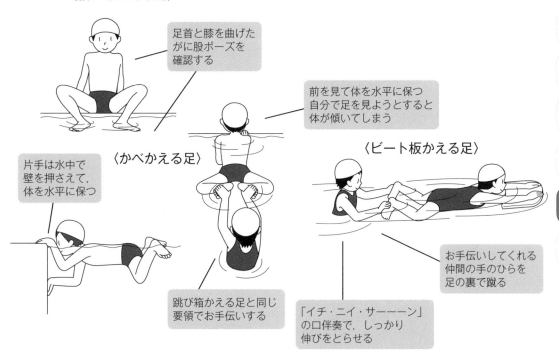

〈腰かけかえる足〉

足首と膝を曲げた がに股ポーズを 確認する

前を見て体を水平に保つ 自分で足を見ようとすると 体が傾いてしまう

〈ビート板かえる足〉

片手は水中で 壁を押さえて, 体を水平に保つ

〈かべかえる足〉

お手伝いしてくれる 仲間の手のひらを 足の裏で蹴る

跳び箱かえる足と同じ 要領でお手伝いする

「イチ・ニイ・サーーーン」 の口伴奏で, しっかり 伸びをとらせる

体つくり

なわ跳び

マット

鉄棒

跳び箱

水泳

ボール

○**腰かけかえる足**

プールサイドの水際に腰かけて,「イチ・ニイ・サーーン」のリズムでかえる足をします。仲間が正面に立って口伴奏をしながら,「イチ」で足首をしっかり曲げた,がに股の形になっているかを確認します。

○**壁かえる足**

体が水平に保てるように,片手で水際につかまり,片手で水中の壁を押さえさせます。

お手伝いは,まず,かえる足の動きを確認します。①の形ができていて,足の裏で水を蹴っていればとりあえずは合格です。合格の場合は仲間の後ろに立って,蹴り出された水が水流となって自分の体に当たるかどうかを感じ取らせます。

あおり足の子は,跳び箱かえる足と同じようにお手伝いします。また,①の形ができていても,蹴り出しで足首が伸びてしまって,指先から水中に差し込むような動きになる子がいます。この子も p102②の局面で足首が伸びないようにお手伝いします。

○**ビート板かえる足**

ビート板を使ってかえる足です。お手伝いはこれまでと同じですが,前へ進みながらになるので,やや難しくなります。反面,足の裏で仲間の手のひらを蹴って進むことができるので,足の裏で蹴る感覚をより感じ取りやすくなるという利点もあります。前へ進もうと慌てる子どももいるので,これまでと同様の口伴奏でゆっくり行わせます。

クロールのバタ足と違って，股関節，膝関節を大きく動かす，立位ではないのに足首を強く曲げるなど，日常ではあまり経験しない動きが，かえる足です。この部分を補って，みんなでできるようになっていくのがお手伝いの大きな効果です。

また，「非日常の水中という状況」，そこで「水に浮かんでいるという条件」「自分の足が見えない姿勢」等が運動習得への障壁となっています。

自分の足が見えないという難しさは，お手伝いである程度補えます。仲間が運動を見てフィードバックしてやることで，自分の運動の成否を把握していきます。

○水慣れの遊び

お手伝いで補いにくいのが，水中という状況，水に浮かぶという条件です。

水に浮かぶことは，壁につかまる，ビート板を使うということである程度ハードルを下げることはできますが，浮くことに習熟していなければ，自分の体を意図的に動かすことは難しいでしょう。本書p98〜99の浮き遊びや，ボビング等をくり返し経験して，リラックスして水に浮けるようにしておくことが大切です。

浮くためのポイントは，空気をたくさん吸い込んで頭を水中にしっかり沈めることです。

だるま浮き

耳まで水に沈めると下半身まで浮きやすくなります。イラストのだ

大の字浮き

伏し浮き

るま浮き，大の字浮き，伏し浮き等のどの浮き遊びでも，耳まで沈めて全身を浮かせるように意識させます。

これは泳ぐ際にも最も大切なポイントになります。

○けのび

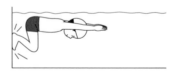

けのびも経験しておかなくてはならない運動です。③「サーーーン」で脚を閉じた姿勢はけのびと同じです。

③の局面で前進する感覚が，けのびで壁を蹴った後のそれに近づいてくれば，かえる足が十分な推進力を発揮していると考えてよいでしょう。

お手伝い・補助を取り入れた単元計画

単元計画表（１回目の扱いは30分程度。２回目以降は15分～20分程度でクロールの練習と並行して実施）

1回	2・3回	4～10回
○跳び箱かえる足 ・かえる足の動き ・お手伝いの方法 （プールに移動） ○腰かけかえる足	○腰かけかえる足 ・正面から見てやる ○壁かえる足 ・壁の持ち方	○壁かえる足 ○ビート板かえる足 ○どこまでかえる足 　（10m先の壁まで何回のかえる足で着けるか） ○伏せ面かえる足 　（ビート板なしで，伏し浮きでかえる足）

　平泳ぎ（かえる足）が高学年の課題となっている学校も多いと思いますが，高学年から始めたのでは多くの子に習得させるのは難しくなります。前述のように，かえる足は習得が難しい運動です。それでも小学校で扱うのは，ゆっくり長く泳ぐには，平泳ぎが最も合理的な泳法だからです。是非とも小学校段階で習得させたい泳法なのです

　そこで，かえる足の練習を中学年から始めて，これをある程度習熟させ，高学年で手の動きを加えて平泳ぎにしていくという指導計画を提案します。

　上の単元計画表で扱いが15分～20分となっているのは，中学年でかえる足の練習を始めても，水慣れの遊びも取り入れるし，クロールの練習も並行して扱っていくからです。

　クロールも平泳ぎも，少しずつ長い期間練習に取り組んだ方が上達することは間違いありません。

目標

○かえる足の動きがわかり，できる。
○仲間のかえる足を見て評価し，お手伝いができる。

授業の流れ

　習得が難しいかえる足は，全員が毎時間ステップを上がっていくことは難しいと言えます。単元の中で行きつ戻りつしながら，スパイラル的な学びをくり返していくのが効果的です。前時はできていたことができなかったり，壁でできたことがビート板ではできなかったりということもあるので，前時までにやったこと，その次に新しい課題，と進むと，無理なく取り組める子どもが増えます。

　施設にかかわることなのでイラスト等には入れませんでしたが，浅いプールがあれば，手で歩きながらかえる足をするのも効果的です。お手伝いも同じようにできます。（平川　　譲）

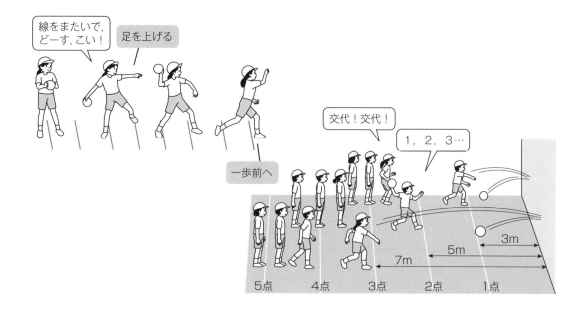

どすこい投げ

線をまたいで,
どーす,こい！

足を上げる

一歩前へ

かべぶつけリレー

交代！交代！

1，2，3…

5点　4点　3点　2点　1点

7m　5m　3m

○線をまたいで，しっかり重心移動

「線をまたいで，どーす，こい！」と友だちの口伴奏にのせてボールを投げます。

ラインをまたぐことで投げる方向（壁）に対して横を向きます。

「どーす」の声でお相撲さんのように前足を上げ，同時にボールを頭の後ろに引きます。

「こい！」の声で一歩前に踏み出しながらボールを投げます。

この一連の動きの流れの中で班の仲間がポイントをおさえた動きができているか見て声をかけます。

①壁に対して横向きになっているか

②前足を上げてから投げているか

③一歩前にふみ出しながら投げているか

1人5回ずつ連続で投げて捕ったら交代します。

○どんどん投げて頻度の確保

かべぶつけは，ラインをまたいで壁に向かって投げ，はね返ってくるボールを捕る運動です。それをリレー形式でゲーム化します。

10回投げて捕ったら次の子と交代です。そのときに，同じ班の仲間が数をしっかりと数えて声をかけてあげます。

ラインと壁の距離は，最初は3mから始めます。早かったチーム（複数チーム）は5m，7mと徐々に遠くしていきます。遠くすることで，最終的にはすべての班が勝つ経験ができます。

班の仲間が投げた回数をしっかりと数えて，交代のタイミングも教えてあげます。

競争させるとポイントを忘れてしまう子が多く出るので，教師は気をつけるように声をかけてまわります。

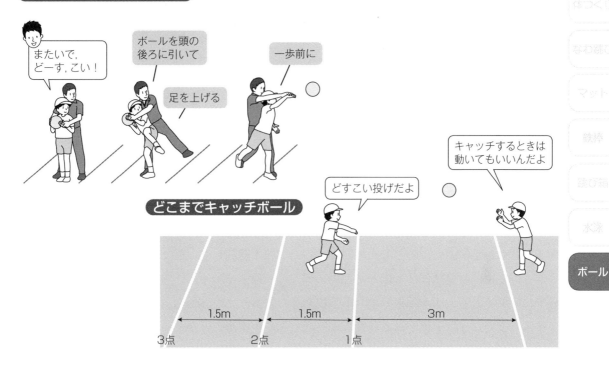

どすこい投げ（教師の補助）

またいで，どーす，こい！

ボールを頭の後ろに引いて

足を上げる

一歩前に

キャッチするときは動いてもいいんだよ

どこまでキャッチボール

どすこい投げだよ

1.5m　1.5m　3m

3点　2点　1点

体つくり

なわ跳び

マット

鉄棒

跳び箱

水泳

ボール

○重心移動とひねり動作を補助する

　動きがぎこちない子には，教師が後ろに立って動き方の補助をして投げさせます。

　教師は，投げる方向に対して横を向くように立たせ，その子の背中側から両手を持って構えます。

　「どーす」と口伴奏をしながら前足を上げさせ，ボールを頭の後ろに引きます。

　「こい！」という口伴奏と同時に一歩前に踏み込ませ，上半身をひねらせます。

　ボールは，両手で持たせます。ひねり動作をするときは，利き手でボールを投げると同時に反対の腕を後ろに引かせます。

　口伴奏と動きを同時に行うことで動きのイメージを明確にもたせることができます。

○遠くに正確なボールを投げる

　2人組でキャッチボールをしてどちらも落とさずキャッチに成功したら，後ろの線へ下がります。

　相手がキャッチしやすい（胸の辺りに）ボールを投げるように意識させます。

　すべての子が合格する経験ができるような基準を考えます。実態によって異なってくるとは思いますが，筆者の場合「2点ラインで成功したら合格」と言うことが多いです。

　動作がぎこちなく，あまり遠くにボールを投げられない子がいる場合は，投動作に着目して「きれいな投げ方だよ」とか「かっこいい投げ方をしているよ」と声をかけます。最初はぎこちなくても，慣れてくると遠くに投げられるようになります。

ボール投げの直接的なお手伝いは，子ども同士ではできません。教師が後ろから補助することで，重心移動やひねり動作の一連の流れを経験させます。

子ども同士では，口伴奏をしたり数をかぞえたり応援をしたりといったお手伝いを考えます。

口伴奏で運動のリズムやイメージを共有化します。また，数をかぞえたり応援をしたりすることもお手伝いの１つと考えています。

ボールを投げる投動作は，ほとんどのスポーツに応用できる大切な動きです。小学校を卒業するまでには，全員がある程度スムーズに投げられるようにしてあげたいです。

次に挙げるような１人で行う運動を，ボール投げを学ぶ前に経験させておくといいでしょう。

○ボール投げ上げキャッチ

１人１つボールを持ち，自分で真上に投げ上げてキャッチする運動です。少しずつ高く上げていきます。

ボールをキャッチするまでの間に１回手をたたきます。さらに２回，３回，何回できるか，といった発展をさせます。

○地面をさわって

次は，投げ上げたらしゃがんで地面を触ってからキャッチをすることに挑戦します。

できれば，しゃがんだ姿勢でキャッチするのではなく，立った姿勢でキャッチできるようにします。

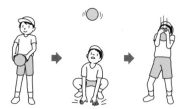

○１回転して

地面を触ってからキャッチすることができるようになったら，だいぶボールをコントロールすることができるようになっています。

さらに難しい，１回転してからキャッチに挑戦します。

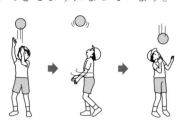

○ワンバンキャッチボール

２人組でのキャッチボールの最初は，ボールをワンバウンドさせてキャッチボールをします。

相手の子がキャッチできるようにふわっとバウンドさせるように意識させます。両手で胸のあたりで抱えるようにボールをキャッチします。

お手伝い・補助を取り入れた単元計画

単元計画表（1回の扱いは20分程度）

1回	2～5回	6～7回
○ボールに慣れる	○かべぶつけを行う	○キャッチボールを行う
●投げ上げキャッチ	●どすこい投げ	●ワンバンキャッチボール
・拍手，地面を触る，1回転をする	・口伴奏とボール投げの動きを理解する	・両手で投げる
	・横を向いて構える	・強めに投げる
	・前足を上げながらボールを頭の後ろへ引く	●どこまでキャッチ
●ワンバンキャッチボール	・一歩前へ踏み出すと同時に反対の肘を後ろに引いて上体をひねりながらボールを投げる	2人がボールを落とさずにキャッチできたら1つ後ろのラインに下がる。
・両手で投げる	●壁ぶつけ	
・強めにバウンドさせる	・どすこい投げを意識しながら繰り返し壁に投げたりリレー形式で競ったりする	
	・壁に届かない子には教師が補助をする	

目標

○ボールの投捕の動き方を知り，投動作や捕動作の粗形態を身につけることができる。

○ボールを投げるためのポイントを考えたり，友だちがキャッチしやすいボールを考えたりする。

○ボール投げやキャッチボールに進んで取り組み，約束を守って課題に挑戦する。

授業の流れ

　授業は，1回を20分程度で行います。モジュールの考え方を採用し，残りの時間はボール投げとは関係の無い領域で授業を行います。

　投動作における「重心移動」「ひねり動作」，捕動作における「ボールの軌跡の予測判断」「ボールの緩衝動作」は，ほとんどのボール運動に応用できる動きです。

　子どもたちが生涯にわたってスポーツに親しむためには，投捕の動作の習得は欠かせません。学年を問わず授業で扱い，子どもたちをボール運動好きにしてあげたいです。

　1回目は，1人1つのボールを持たせて遊びます。投げ上げてキャッチする様々なバリエーションを経験させます。2人組での簡単なキャッチボールも行います。

　2～5回目は，壁に向かって思い切り投げさせます。単元計画に示したポイントを1つずつ確認していきます。

　6～7回目は，2人組で相手が捕りやすいように考えながらボールをコントロールします。捕動作のポイントを意識します。

　ラインから出てはいけないと思い，動かずにキャッチしようとする子には，ボールの落下点へどんどん動くように助言します。

（清水　由）

"お手伝い" で素敵な子どもの学びを

　私が体育授業の中で，"お手伝い" を意識的に学び，少しずつ授業の中で活用できるようになったのは，筑波大学附属小学校に勤めるようになってからだと思います。

　それまでは，ぼんやりと教師の補助や子ども同士のお手伝いは大事だと思っていましたが，勉強不足，経験不足（今もまだまだですが）だったこともあり，十分に活用することができませんでした。

　この "お手伝い・補助" は体育授業をよりよい方向に変えていくことはもちろん，子ども同士の学び方，かかわり方にも効果があり，より豊かな人間関係を築く一助になるものだと感じています。

困っていたら助けるという文化

　1年生の授業での一コマです。

　1年生はそれまでの運動経験がバラバラで体を動かす感覚に差があります。そこで，1年生の序盤では，「おりかえしの運動*」を行います。かけ足，スキップなどの立位の運動やくま，うさぎなどの手で体を支える動物歩き，おんぶ，手押し車などの2人組の運動などを繰り返し行います。ここで，逆さ感覚，腕支持，体の締めなどの感覚を高めていきます。

　この中で，手押し車の運動を説明する際に少し子どもと遊びます。クラスの1番体が大きく力持ちそうな子どもにお手伝いお願いします。私は両手を床に着いて，うつ伏せになります。そして，お手伝いに来てくれた子どもに「それじゃあ，私の足を持ってくれるかな」と声をかけ，私の足を持ち上げるように言います。しかし，子どもたちよりも体の大きな私の足を持ち上げることは容易ではありません。「先生，持てないよ…」と残念そうに言うと，「そうか，○○さん1人では持ち上げられなかったんだね。私が大きいから仕方ないけど，困ったな」と反応すると，周りの子どもたちはザワザワしてきます。そこで私は，「お友達が困っているときに，みんなはどうするの？」と聞くと，「助ける！」という声が聞こえてきます。「○○さん，みんな助けてくれそうだよ」と声をかけると，お手伝いをしてくれた子が仲間を呼びにいきます。それはまるで，"おおきなかぶ"。2人がだめなら3人，3人がだめなら4人とお手伝いの数が増えます。そして，ついに私の足を持ち上げて，手押し車ができたのです。

　「困っていたら助けるということ」「みんなで力を合わせるとできることが増えること」が目の前で繰り広げられるので，子どもと "お手伝い" がグッと近くなります。

　　＊『1時間に2教材を扱う「組み合わせ単元」でつくる筑波の体育授業』参照。

ガッツポーズ

　6年生の授業での一コマです。

　器械運動の「はねとび」に取り組んだときのことです。「はねとび」は，両足踏み切りで，重ねたマット（跳び箱1段～2段程度の高さ）の上に手と頭を着き（三転倒立の姿勢），はねて着地をする技です。跳び箱の上で行うネックスプリングやヘッドスプリングのような技です。

　「はねとび」という技は発展的な技で，その技に取り組むのは一部の子どもたちだと思っていました。しかし，お手伝いを取り入れることで，全員が取り組むことができるのです。

　6年生はこれまで逆立ち系の技に系統的に取り組み，「はねとび」は小学校体育で取り組む最後の技でした。まず，三転倒立の姿勢からブリッジになることからはじめます。このときから，運動する子の両脇に着き，両手で背中の上（肩甲骨のあたり）を持ち上げるお手伝いを取り入れます。学習は背の順（身長の近い同士）の男女混合の4人組で進めます。

　不完全な状態で失敗をさせるのではなく，仲間のお手伝いで成功体験をくり返すことで感覚を高め，完成度を高めていきます。4人組は1人でできる子やお手伝いが必要な子が混ざっていますが，目指す技が同じなので自然とアドバイスや励ましの声をかけ合います。私も無謀な挑戦よりも，お手伝いを活用して着地するほうがよいと伝えます。

　そして，最後の発表会。ある女の子のガッツポーズが忘れられません。その女の子は運動感覚に優れ，みんなのお手本になるような演技を発表会でも見せてくれました。同じ班のある子は少し苦手で発表は四番目でした。その子の番になると女の子を含めた3人でお手伝いをしました。結果は，ピタッと着地を決め，拍手が起こりました。その瞬間，その女の子が力強くガッツポーズをしたのです。その姿に胸が熱くなりました。

　"お手伝い"を通して同じ技に向かい，お互いの頑張りを感じ合うことで，仲間の成功を自分のことのように喜べる姿は本当に素敵だなと思います。

　"技能差"は体育授業の課題の1つです。自分の能力に合った技に挑戦する時間を設定すれば，個々の課題に取り組んでいるので技を高められる子どもにとっては充実するかもしれませんが，苦手意識をもっている子同士が学習を進めなければならない状況に陥り，ますます技能差を助長してしまうことも考えられます。その状況をつくらないためにも，共通の技に"お手伝い"を活用しながら取り組むことが有効だと日々実感しています。

　困っている友だちを助けたいという子どもの素直な気持ちを"お手伝い"という方法で実現させながら，素敵な子どもの学びを大切にしていきたいと思います。

（齋藤　直人）

【著者紹介】

筑波大学附属小学校体育研究部

〒112-0012　東京都文京区大塚3-29-1

〈著書〉

『1時間に2教材を扱う「組み合わせ単元」でつくる筑波の体育授業』（明治図書）

平川　譲

清水　由

眞榮里耕太

齋藤　直人

できる子が圧倒的に増える！
「お手伝い・補助」で一緒に伸びる筑波の体育授業

2020年3月初版第1刷刊　©著　者　筑波大学附属小学校体育研究部
　　　　　　　　　　　　　　平川　譲・清水　由
　　　　　　　　　　　　　　眞榮里耕太・齋藤直人
　　　　　　　　　　　発行者　藤　原　光　政
　　　　　　　　　　　発行所　明治図書出版株式会社
　　　　　　　　　　　　　　http://www.meijitosho.co.jp
　　　　　　　　　　　　　　（企画）木村　悠（校正）奥野仁美
　　　　　　　　　　　　　　〒114-0023　東京都北区滝野川7-46-1
　　　　　　　　　　　　　　振替00160-5-151318　電話03（5907）6702
　　　　　　　　　　　　　　ご注文窓口　電話03（5907）6668

＊検印省略　　　　　　　組版所　藤　原　印　刷　株　式　会　社

Printed in Japan　　　　　ISBN978-4-18-302529-6

もれなくクーポンがもらえる！読者アンケートはこちらから→